**모두를 위한
설교 시리즈
8**

하늘의 비, 땅의 열매

하나님 성품의 실현, 야고보서 해설

∧
세움북스 는 기독교 가치관으로 교회와 성도를 건강하게 세우는 바른 책을 만들어 갑니다.

모두를 위한 설교 시리즈 08

하늘의 비, 땅의 열매 (개정판)

하나님 성품의 실현, 야고보서 해설

초판 1쇄 인쇄 2023년 5월 5일
초판 1쇄 발행 2023년 5월 10일

지은이 ㅣ 이복우
펴낸이 ㅣ 강인구

펴낸곳 ㅣ 세움북스
등　록 ㅣ 제2014-000144호
주　소 ㅣ 서울시 종로구 대학로 19 한국기독교회관 1010호
전　화 ㅣ 02-3144-3500
이메일 ㅣ cdgn@daum.net

교　정 ㅣ 이영철
디자인 ㅣ 참디자인

ISBN 979-11-91715-77-4 (03230)

모두를 위한
설교 시리즈
8

BOOK
of

개정판

하늘의 비, 땅의 열매

＊

하나님 성품의 실현, 야고보서 해설

이복우 지음

James

세움북스

추천사

이 책은 이복우 교수님의 학문적인 저술인 『주는 가장 자비하시고 긍휼히 여기시는 이시니라: 야고보서 주해』(합신대학원출판부, 2022)와 연결된 매우 중요한 책입니다. 주해서도 누구나 읽고서 은혜받을 수 있지만, 강해서인 이 책은 그야말로 누구나 읽고서 야고보서의 내용에 가까이 가야 하므로, 이 책은 이 땅의 모든 그리스도인이 읽어야 하는 책입니다. 세 가지 이유에서 이 책은 참으로 추천할 만한 책입니다.

첫째는, 좋은 저자이기 때문에 추천할 만합니다. 박사학위 논문을 출판하신 『내 뒤에 오시는 이』나 야고보서의 주해서를 읽어 보신 분들은 누구나 잘 아시겠지만, 이 교수님은 참으로 꼼꼼하게 성경의 내용에 충실하려고 애쓰시는 귀한 신약 학자이십니다. 그렇게 꼼꼼하게 주해한 내용을 교회에서 어떻게 설교할까 궁금하신 분들은 이 책을 보셔야 합니다. 이 책은 2018년 6월 17일부터 11월 11일까지 남서울평촌교회에서 행한 설교 내용이기에 성도들에게 구체적으로 적용을 하는 방법이 여기 고스란히 나타나 있습니다. 귀한 학자께서 설교하신 내용이 여기 있습니다.

둘째로, 좋은 주제 때문에 추천할 만합니다. 그의 두 번째 저서인 『하나님 나라의 백성: 하늘로 땅을 채우는 사람들』(킹덤북스, 2015)에서도 잘 드러나지만, 이 교수님은 이 땅에 이미 임하여 온 하나님의 나라에 속한 백성이 이 땅에서 어떻게 살아야만 하는지에 관심을 가지고 늘 그 뜻을 제시해 주십니다. 이 책에서도 하나님 나라 백성의 구체적인 삶의 내용을 다루십니다. 그러니 어찌 우리가 이 책을 읽지 않을 수 있겠습니까?

셋째는, 이 책을 출간하는 귀한 출판사 때문에 추천할 만합니다. 어려운 상황에서도 귀한 책들을 계속 출판해 주시는 '세움북스'가 이 책을 출간함으로 좋은 책을 출판하는 출판사, 특히 개혁파적인 책을 출판하려는 출판사로서의 모습을 더 잘 세웠습니다.

그러므로 우리는 모두 이 책을 읽고 생각하여, 결국 야고보가 우리에게 하려는 말을 21세기 초 한국이라는 정황에서 잘 알아 갈 수 있으면 합니다. 한국의 모든 그리스도인이 이 책을 읽어 보기를 추천합니다.

_ **이승구** (합동신학대학원대학교 조직신학 교수)

이복우 교수님은 나이는 저보다 위지만 합동신학대학원대학교 제21회 동기입니다. 이 교수님이 나이 어린 저를 향해 한 번도 말을 놓지 않고 꼬박꼬박 존대하며 존중해 주시는 것이 참 감사했습니다. 이 교수님은 합동신학대학원대학교 1호 목회학 석사(M.Div.), 1호 신학 석사(Th.M.), 1호 철학 박사(Ph.D.)라는 독특한 이력으로 동 대학원의 신약학 교수로 봉직하고 있습니다. 제가 남서울평촌교회를 담임할 때 이 교수님을 협동 목사로 모셨고, 이 교수님은 수준 높은 성경 강좌를 통해 성도들에게 많은 유익을 끼쳤습니다.

2018년 제가 비신자 전도를 위한 새로운 부르심에 순종하기 위해 담임 목사직을 사임했을 때, 이 교수님은 주일 예배에서 바로 이 야고보서 설교를 했습니다. 갑작스러운 담임 목사의 사임으로 인해 혼란에 빠진 성도들을 말씀으로 붙잡고 교회가 온전히 하나님의 은혜만 바라고 기도하게 이끌었던 설교입니다. 솔직히 저도 이 설교가 궁금했습니다. 이 교수님은 평소

신학자이면서도 목회자이길 원했습니다. 원고를 읽으면서 신학자로서 한 절 한 절 말씀의 의미를 잘 드러내고, 목회자로서 성도와 교회의 안위를 고려하는 이 교수님의 마음과 수고를 헤아려 볼 수 있었습니다.

이 책은 야고보서를 '행위구원론'의 근거로 삼으려는 자를 부끄럽게 할 것입니다. 최근 반기독교적 정서가 팽배한 사회적 분위기에 눌려 힘을 잃은 교회가 어떻게 거룩한 능력을 회복할지 고민하는 자를 기도하게 할 것이며, 육신과 영혼의 어려움과 고난을 당한 자에게는 위로와 권능의 하나님을 바라볼 믿음을 선사할 것이며, 이 세상에 속하지 않았기에 나그네로 살수밖에 없는 애로를 경험하는 자에게는 체휼하고 동행하시며 결국 승리하게 하시는 하나님의 열심을 발견하게 할 것이며, 이미 하늘의 비를 예비하셔서 결국 땅에서도 열매를 맺게 하시는 하나님의 역사를 소망하게 할 것으로 기대합니다.

_ **강신욱** (낮은울타리교회 담임 목사, 『대화로 푸는 성경』 저자)

신학대학원을 입학하고 며칠 지나지 않은 때였습니다. 한 동기의 집에 장례가 났습니다. 장례식장이 전라남도라 무척 멀었지만, 몇 명의 동기들과 함께 가기로 했습니다. 수업이 끝난 늦은 밤에 출발을 하려는데, 한 교수님이 같이 가자며 차에 오르셨습니다. 그 먼 길을, 그것도 늦은 시간에 교수님이 따라가시다니 참 놀라웠습니다. 자정이 다 되어서야 장례식장에 도착하였고, 동기를 위로하고 집으로 돌아오니 새벽 4시가 넘었습니다. 오가는 길에 교수님은 제자들의 말벗이 되어 주셨는데, 그분이 바로 본서의 저자인 이복우 교수님이십니다.

교수님의 연구실은 늘 열려 있었습니다. 언제든 가면 따뜻한 커피를 한 잔 내려주셨습니다. 좋은 원두가 들어오는 날이면, 한번 맛보라며 제자들을 부르셨고, 제자들의 고민을 끝까지 들어 주시며 기도해 주셨습니다. 교수님의 진가는 수업에서 드러났습니다. 신학을 공부하러 갔음에도 정작 성경을 공부할 기회가 많지 않은데, 교수님은 늘 매 학기 성경 한 권을 정하여 강의하셨습니다. 그때마다 저는 빼놓지 않고 교수님 수업에 들어갔습니다. 보통 머리가 뜨거워지는 강의가 있고, 가슴이 뜨거워지는 강의가 있는데, 교수님의 강의는 매번 머리와 가슴을 모두 뜨겁게 했습니다. 성경의 달콤함을 깨우쳐 주셨습니다. 덕분에 제 성경은 교수님이 가르치셨던 강의 내용들로 빼곡합니다.

제가 사역하던 교회에서 새로운 담임 목사를 청빙하게 되었던 때가 있습니다. 그때 이복우 교수님이 주일 강단을 지켜 주셨습니다. 교수님의 설교를 통해 성도들이 마음을 지키고, 교회가 담임 목사 청빙의 과정을 잘 감당할 수 있었습니다. 당시 교수님이 하셨던 설교가 바로 야고보서 강해였습니다. 그리고 그 설교가 책이 되어 우리 손에 주어졌습니다. 신자란 누구이며, 정체성은 무엇인지, 신자로서 살아가는 삶의 가장 큰 유익이 무엇인지 우리로 하여금 깊이 깨닫게 합니다. 삶에 큰 풍파를 지나고 있다면, 깊은 침체를 겪고 있다면, 기도할 힘도 용기도 잃어버렸다면, 본서가 다시 우리를 기도의 자리에 이끌어 줄 것입니다. 다시 하나님을 붙들게 해 줄 것입니다. 교수님의 절절한 외침이 많은 신자들의 마음에 전달되어 회복의 역사가 일어나길 믿어 의심치 않습니다.

_ **서진교** (함께하는재단 굿윌스토어 사목, 『작은 자의 하나님』 저자)

머리말

"주의 뜻이면(ἐὰν ὁ κύριος θελήσῃ)

우리가 살기도 하고 이것이나 저것을 하리라"(약 4:15)

이 땅에 교회를 세우시고 소유하시며 교회와 함께 사시는 거룩하신 삼위일체 하나님께 존귀와 영광과 찬양을 올려 드립니다. 하늘이 비를 주지 않으면 땅은 열매를 낼 수 없습니다(약 5:18). 하나님의 은혜보다 앞 서는 것은 없습니다. 모든 것이 은혜 뒤에 있습니다. 본서의 출판도 오직 하나님의 은혜로만 가능했음을 고백하며 하나님께 엎드려 감사를 드립 니다.

1998년 신학대학원 2학년 때, 저는 고등부 전도사로서 야고보서를 강 해하려는 뜻을 세우고 도전했으나 곧 접고 말았습니다. 부족함을 통감 했기 때문입니다. 그 후 20여 년의 시간이 흘러서 배우던 자가 후학들을 가르치는 자리에 있게 되었습니다. 열심히 준비해서 야고보서 강의를 시 작했습니다. 하나님의 말씀을 열 때마다 하늘이 열리는 은혜를 기대하지 만, 언제나 저의 한계를 느끼며 성령님의 도우심을 구하게 됩니다. 그러 던 중에 협동목사로 있던 남서울평촌교회의 대리 당회장을 맡아 교회를 섬기게 되었습니다. 목사는 말씀으로 교회를 진리 위에 세우는 책임과 영광을 지닌 자입니다. 저는 다시 야고보서 설교를 시작했습니다(2018. 6. 17-11. 11).

본서는 이렇게 하여 2019년 2월에 타 출판사를 통해 세상에 나왔습니다. 곧잘 판매되었고, 베트남어로 번역하여 베트남 소수민족 교회 지도자들에게 무료로 배포도 했습니다. 하지만 절판이 되자 출판사는 여러 형편 때문에 2판을 포기하고 판권을 제게 넘겨주었습니다. 이런 상황에서 본서를 출판해 줄 다른 출판사를 찾기는 쉽지 않았습니다.

하나님께 기도하며 지혜를 구하던 중에 '세움북스'를 생각하게 되었고 용기를 내어 투고했습니다. 사실 출판에 대한 확신은 없었습니다. 한국 기독교출판계의 어려운 사정을 잘 알고 있었기 때문입니다. 그러니 '세움북스'로부터 출판하겠다는 연락을 받았을 때 오죽 기뻤을까요? 그러나 곧 죄송한 마음과 염려가 생겼습니다. 회사에 손해를 끼치는 건 아닌가 하는 생각에서였습니다. 하나님께 은혜를 구하며, 용단을 내려주신 세움북스의 강인구 대표님께 진심으로 감사를 드립니다.

혹자는 야고보서를 근거로 소위 '행위 구원'을 주장하기도 합니다. 그러나 이것은 야고보서를 오해했거나 의도적으로 왜곡한 결과일 뿐입니다. 야고보는 문제가 많은 교회에게 영적 사망선고를 내리기 위해 본 서신을 기록한 게 아닙니다. 수신 교회는 선생들(약 3:1)과 장로들(약 5:14)이 포함된 조직을 갖춘 안정된 교회였으나 여러 가지 시험을 당하고 있었고(약 1:2-4), 무거운 억압을 받고 있었습니다(약 2:6; 5:1-11). 이 외에도 그들은 유혹, 두 마음, 말씀 듣기와 행하기, 말, 차별, 빈부, 믿음과 행위, 지혜, 싸움, 교만, 비방, 착취, 맹세, 질병 등 매우 다양한 부정적인 상황에 직면해 있었습니다.

야고보는 이러한 형편 속에 있는 교회에게 편지를 썼습니다. 하지만 그는 신자들을 정죄하고 심판하기 위해서가 아니라 권면하여 돌이키기 위해 편지를 썼습니다. 그래서 야고보서는 사망진단서(certificate of death)가 아니라 권면서(paraenesis)입니다. 이런 까닭에 야고보의 마지막 말은 "너희가 알 것은 죄인을 미혹된 길에서 돌아서게 하는 자가 그의 영혼을 사망에서 구원할 것이며 허다한 죄를 덮을 것임이라"(약 5:20)입니다(이복우,《야고보서 주해: 주는 가장 자비하시고 긍휼히 여기시는 이시니라》, 8).

하나님은 '주시는' 하나님이십니다. 하나님은 후히 주시고 꾸짖지 아니하십니다(약 1:5). 하나님은 자기를 사랑하는 자들에게 생명의 면류관을 주십니다(약 1:12). 하나님은 온갖 좋은 은사와 온전한 선물을 내려주시는 아버지이십니다(약 1:17). 하나님은 더욱 큰 은혜를 주시며 겸손한 자에게 은혜를 주십니다(약 4:6). 하나님은 비를 주어 땅이 열매를 맺게 하십니다(약 5:18). 이처럼 하나님은 '주시는' 분이십니다. 이 책을 읽는 모든 분들이 이렇게 주시는 하나님을 뜨겁게 만나고 사랑하게 되기를 바랍니다. 끝으로 제 육체의 병으로 인해 많은 고생을 한 사랑하는 아내에게 진심으로 고마움을 전합니다.

Contents
목차

01 신자는 어떤 사람인가?

야고보서 1:1

개역개정 • [1] 하나님과 주 예수 그리스도의 종 야고보는 흩어져 있는 열두 지파에게 문안하노라

사역 • [1] 하나님과 주 예수 그리스도의 종인 야고보는 흩어져 있는 열두 지파들에게 기쁨이 있기를 원하노라.

야고보서 1:1은 야고보서의 발신자와 수신자, 그리고 문안인사로 이루어져 있습니다. 이것은 전형적인 신약 서신서의 도입 형식입니다. 야고보서의 발신자는 야고보입니다. 그는 자신의 신분을 하나님과 주 예수 그리스도의 종으로 소개합니다. 수신자는 열두 지파입니다. 이들의 특징은 '흩어져 있다'는 것입니다. 야고보의 문안인사는 특이하게도 '기뻐하다'(χαίρειν)라는 한 단어로 되어 있습니다. 이번 장에서는 이 세 가지 내용에 근거하여 신자는 어떤 사람이며, 어디에서 살며, 어떻게 살아야 하는지에 대한 하나님의 말씀을 듣겠습니다.

그리스도인은 어떤 사람인가?

먼저, 신자는 어떤 사람입니까? 본 서신의 발신자인 야고보는 전통적으로 예수님의 형제이며, 예루살렘 교회의 중심 지도자로 생각되어 왔습니다. 이 사실은 야고보가 '기뻐하다'라는 단 한 단어로 문안인사를 한 것에서도 상당한 지지를 받습니다.

사도행전 15장에 보면 어떤 사람들이 유대로부터 안디옥에 내려와서 모세의 법대로 할례를 받지 아니하면 구원을 받지 못한다(1. cf. 15)고 말했습니다. 이 일로 인해 사도와 장로들이 예루살렘에 모여 의논을 했습니다(행 15:6). 많은 변론이 있은 후에 사도 베드로가 설교하고, 이어서 바나바와 바울이 그들을 통해 하나님이 이방인 중에서 행하신 표적과 기사에 관하여 말했습니다. 그리고 마지막으로 야고보가 일어나서 이 문제를 최종 정리하고, 회의의 결정사항을 이방인 형제들에게 편지하기로 결의했습니다. 이 편지는 이렇게 시작합니다.

> "사도와 장로 된 형제들은 안디옥과 수리아와 길리기아에 있는 이방인 형제들에게 문안하노라"(행 15:23).

그런데 이 편지의 '문안하노라'라는 말이 야고보서의 문안인사와 동일하게 '기뻐하다'(χαίρειν)라는 한 단어로 되어 있습니다. 이처럼 예루살렘교회의 지도자인 야고보가 주도적으로 작성한 사도행전 15장의 편지의 문안인사와 야고보서의 문안인사는 그 형식과 내용 모두에서 정확하게 일치합니다. 게다가 신약의 서신서들 중에서 이러한 형식과 내용, 다시 말해 '기뻐하다'라는 한 단어로 문안인사를 하는 경우는 야고보서가 유일합니다.

더 나아가서 발신자는 야고보라는 이름 외에 자신의 인적 사항에 대하여 다른 어떤 정보도 주지 않습니다. 이것은 최소한 야고보서를 받는 교회와 신자들은 야고보라는 이름만으로도 그가 누구인지를 충분히 알 수 있었다는 점을 암시합니다. 이런 사실들에 비추어 볼 때, 야고보서의 발신자인 야고보가 초기 기독교에 매우 중요하고 영향력이 큰 중심 지도자였다는 전통적인 견해를 따르는 것은 큰 무리가 없습니다.

그런데 바로 여기에 우리가 주목해야 할 점이 있습니다. 이렇게 초기 교회의 대표적 지도자인 야고보가 자신을 '하나님과 주 예수 그리스도의 종'으로 교회에 소개합니다. 야고보는 자신을 교회에 소개하면서 하나님과 예수님에게 연결하여 설명하고 있습니다. 이것은 그가 자신을 하나님과 예수 그리스도와의 관계에서 이해하고 있다는 사실을 잘 보여줍니다.

야고보는 '자신을 사회적인 차원에서 설명하지 않습니다. 그는 자신의 사회적 지위는 물론이고 심지어 교회적 위치까지도 중요하게 생각하지 않았습니다. 그는 단지 자신을 하나님과 예수 그리스도에 대한 관계에서 이해하고 있을 뿐입니다. 이것은 그가 철저히 하나님과 예수 그리스도에게 붙어 있다는 의미입니다.'(조병수, '야고보서 1:1-11 주해', 《신약신학 열두 주제》, 182). 다시 말해, 이것은 하나님과 예수님과의 관계가 없다면 야고보 자신이나 그의 사회적인 명성이나 교회 안에서의 지위나 그 외의 어떤 것도 아무런 의미가 없다는 뜻입니다. 야고보는 하나님과 예수 그리스도와의 관계에서만 자신을 설명하는 것이 가능한 사람입니다.

야고보는 자신을 교회에 소개할 때, 다른 그 어떤 것도 아닌 오직 하나님과 예수 그리스도와의 관계 속에서 소개합니다. 그는 심지어 교회에서의 신분이나 지위로도 자신을 소개하지 않습니다. 그는 자기소개서에 자신의 스펙(specification)이 아닌 오직 하나님과 예수 그리스도와 자신의 관계에 대해서만 기록했습니다. 그는 하나님과 주 예수 그리스도와의 관계에서만 자신의 존재 의미를 찾은 사람입니다. 그러므로 그는 하나님과 주 예수 그리스도 없이는 설명이 불가능한 사람입니다. 하나님과 예수 그리스도를 빼놓으면 이해가 되지 않는 사람, 그가 바로 야고보입니다. 야고보의 이러한 신앙 정신과 삶은 모든 신자에게서 동일하게 나타나야 합니다.

신자는 하나님과 예수 그리스도와 관계에서 자신을 말하는 사람이며, 하나님과 예수 그리스도를 빼놓으면 이해가 되지 않는 사람이어야 합니다. 이것이 신자의 참모습입니다. 하지만 오늘날 신자들의 모습은 어떻습니까? 세상에서의 신분과 지위를 교회에서도 여전히 주장하며 자신의 경험을 강요하고 있지는 않습니까? 또는 교회에서의 직분을 마치 신분으로 생각하지는 않습니까? 여러분, 우리는 우리 자신을 사람들에게 어떤 사람으로 소개합니까? 우리의 자기소개서에는 무엇을 기록하고 있습니까?

또한 야고보는 자신을 '하나님과 주 예수 그리스도의'(θεοῦ καὶ κυρίου Ἰησοῦ Χριστοῦ) 종이라고 말합니다. 그는 소유격을 무려 네 번이나 사용하고 있습니다. 그는 자신을 하나님과 주 예수 그리스도와의 관계에서 이해하되, 하나님과 주 예수 그리스도의 '소유'라는 사실을 분명히 합니다. 하나님이 야고보를 소유하시며 야고보는 하나님께 소유된 자입니다. 하나님이 야고보를 지배하시며 야고보는 하나님께 소속되었습니다. 야고보는 하나님께 소유된 자이고 소속된 자입니다. 야고보는 자신이 하나님으로부터 독립된 자가 아니라 하나님께 철저히 소속되고 소유되었다는 자의식에 붙들려 있습니다.

이러한 그의 자의식을 가장 잘 보여주는 것이 바로 '종'(δοῦλος)이라는 단어입니다. 종은 노예입니다. 종은 철저히 주인에게 매인 자입니다. 종은 독립된 자가 아니라 소유된 자입니다. 야고보는 자신을 종이라고 함으로써 그가 온전히 하나님과 예수님께 소유된 자요 매인 자이며 묶인 자라는 사실을 매우 강조하고 있습니다. 종은 주인에게 소속되고 소유된 물건이요 재산입니다. 종은 단지 주인을 중심에 모시고 주인을 위해 사는 자입니다. 종에게는 자기주장이라는 것이 있을 수 없으며 단지 주인의 뜻에 복종하는 것만 있을 뿐입니다.

그런데 여기서 정말 놀라운 사실은 예수님의 형제이자 예루살렘 교회의 최고 지도자인 야고보가 교회 앞에 자신을 이와 같은 종으로 소개한다는 것입니다. 이것은 교회에 큰 충격을 주었을 것입니다. 당시의 신자들은 노예제도에 익숙해 있었고 노예가 어떤 존재인지에 대해서도 잘 알고 있었기 때문입니다. 매일 매를 맞고 끌려 다니며 노예시장에서 물건처럼 팔리는 노예들을 보는 것은 그들의 일상생활이었습니다. 그런 신자들에게 예수님의 형제요 예루살렘교회의 지도자인 야고보가 자신을 종으로, 노예로 소개한 것은 그들에게 충격이 아닐 수 없었습니다.

야고보는 혈육으로는 예수님의 형제였지만 예수님께 묶이고 소속되어 철저히 순종했습니다. 이렇게 야고보가 예수님의 종이 된 이유는 바로 예수께서 그의 구주이시기 때문입니다. 만일에 예수님이 구주, 즉 그리스도가 아니라면 야고보는 그분의 종이 되지 않았을 겁니다. 또 된다고 해도 아무런 의미가 없습니다.

여러분, 신자는 어떤 사람인가요? 모든 신자는 야고보처럼 하나님과 주 예수 그리스도에게 소속되고 소유된 자입니다. 모든 신자는 예수님의 종입니다. 모든 신자는 하나님에게 매이고 하나님을 중심으로 살아가는 자입니다. 이것이 신자의 참모습입니다. 예수님만이 신자 개개인의 구주이시기 때문입니다.

모든 인생은 종입니다. 이 세상사람 중에 독립된 자유자는 결코 없습니다. 사람은 반드시 무언가의 종으로 삽니다. 그러면 우리는 무엇의 종으로, 무엇의 소유가 되어 살고 있습니까? 우리가 어떤 것에 집착하고 그것을 추구하는 순간 바로 그것의 종이 됩니다. 신자들 중에서도 많은 이들이 하나님이 아닌 다른 것을 섬기며, 그리스도가 아닌 다른 것에 종이 되어 있습니다. 그리고 거기에서 위로와 평안과 안정을 얻으려고 합니다.

하지만 신자의 참된 안정감과 평안과 위로와 기쁨은 어디에서 옵니까? 그것은 그가 하나님의 소유된 데서 옵니다. 하나님이 나를 소유하시고 내가 하나님께 소속되었다는 사실이 어떤 어려움이나 환난이나 역경이나 부정적인 상황 속에서도 평안을 잃지 않게 합니다. 하나님이 나를 소유하고 계심이, 나를 잊지 않으심이 우리가 세상의 어려움과 절망과 좌절의 극심한 고통 속에서도 흔들리지 않고 변함없이 평안과 안정을 누리는 원인이요 동력입니다.

재물이 많아서 평안한 것이 아니요, 건강해서 평안한 것도 아닙니다. 설령 그럴 수 있을지라도 그것은 단지 일시적일 뿐입니다. 오직 하나님이 나를 소유하셨다는 사실이 죽을 것 같은 아픔과 극도로 힘든 상황 속에서도 절망하지 않고 살아가게 합니다. 내가 하나님의 소유이면 나의 생명뿐 아니라 나의 삶, 나의 모든 일, 나의 걱정과 염려와 아픔마저도 다 하나님의 소유이기 때문입니다. 나의 모든 것, 나의 모든 일이 다 하나님의 소유입니다! 하나님께서 나보다 나를 더 생각하시는 이유가 바로 여기에 있습니다.

"우리를 향하신 주의 생각도 많아 누구도 주와 견줄 수가 없나이다 내가 널리 알려 말하고자 하나 너무 많아 그 수를 셀 수도 없나이다"(시 40:5).

"사람이 무엇이기에 주께서 그를 생각하시며 인자가 무엇이기에 주께서 그를 돌보시나이까"(시 8:4, cf. 시 144:3).

"너희를 향한 나의 생각을 내가 아나니 평안이요 재앙이 아니니라 너희에게 미래와 희망을 주는 것이니라"(렘 29:11).

베드로전서 5:7은 이렇게 말씀합니다.

"너희 염려를 다 주께 맡기라 이는 그가 너희를 돌보심이라"

주님이 우리를 돌보십니다. 그러므로 우리의 염려는 주님의 것입니다. 신자는 어떤 자입니까? 신자는 하나님의 소유가 되고 하나님의 종이 되어 하나님께 매이고 하나님을 중심으로 살아가는 자입니다. 신자의 진정한 평안과 안정이 여기에 있습니다.

그리스도인은 어디에서 사는가?

둘째로 신자는 어디에서 삽니까? 수신자에 대한 야고보의 설명이 이 질문에 답을 줍니다. 야고보서의 수신자는 열두 지파입니다.

야고보서는 열두 지파에게 편지를 썼습니다. 열두 지파는 우선 구약의 이스라엘을 총칭하는 표현입니다. 그러나 그리스도께서 구속을 이루신 후에 이 말은 구원받은 하나님의 백성을 총칭하는 표현이 되었습니다.

"내가 인침을 받은 자의 수를 들으니 이스라엘 자손의 각 지파 중에서 인침을 받은 자들이 십사만 사천이니"(계 7:4, cf. 눅 22:30; 요 1:49).

하나님으로부터 인침을 받은 이스라엘 각 지파, 즉 이스라엘 열두 지파는 구원받은 신자를 의미합니다. 신약성경이 말하는 이스라엘 또는 열두 지파는 혈통적 이스라엘을 말하는 것이 아니라 예수님을 믿고 구원받은 하나님의 참 백성, 즉 신구약을 통틀어 구원받은 모든 신자 곧 교회를 의미합니다.

사도 바울은 예수를 믿는 자가 진정한 아브라함의 자손이라고 말합니다.

"그런즉 믿음으로 말미암은 자들은 아브라함의 자손인 줄 알지어다"(갈 3:7).

"너희가 그리스도의 것이면 곧 아브라함의 자손이요 약속대로 유업을 이을 자니라"(갈 3:29).

따라서 야고보가 말하는 열두 지파는 혈통적 아브라함의 자손, 혈통적 이스라엘이 아니라 예수를 믿는 영적 이스라엘입니다. 이들은 예수를 믿어 구원받은 모든 신자들, 즉 우주적 교회입니다. 이들이 참 이스라엘입니다. 그러므로 열두 지파에게 보내는 이 편지는 땅에 존재하는 모든 신자와 교회들이 받고 또 읽어야 할 하나님의 말씀입니다.

그런데 야고보는 이 열두 지파가 흩어져 있다고 말씀합니다. 모든 신자는 '흩어진 자'(διασπορά)입니다. 그래서 분산, 이산, 흩어짐이 신자의 정체성입니다. 신자는 종이기에 묶인 자라고 말씀합니다. 그러나 동시에 신자는 흩어진 자이기도 합니다. 그래서 신자는 땅끝까지 나아갑니다. 신자는 한 곳에 모여 지역교회를 이루지만, 그 지역교회들이 세계 곳곳에 흩어짐으로써 사명을 감당합니다.

신약의 신자는 땅끝을 향해 나아가는 사람입니다. 이것은 이미 초대교회부터 실현되었습니다. 예루살렘 신자들은 하늘만 쳐다보고 있으면 안 되고 땅끝까지 나아가야 했습니다(행 1:6-11). 그러나 이것이 이루어지지 않았을 때 예루살렘에 있는 교회에 큰 박해가 일어났고 사도 외에는 다 모든 땅으로 흩어지게 되었습니다(행 8:1).

신자는 흩어진 사람입니다. 그들은 어느 한 곳에 집착하지 않습니다. 그들은 자신의 생명이 잠깐 보이다가 없어지는 안개라는 것을 잘 알기 때문이며(약 4:14), 주의 강림이 가깝다는 것을 알기 때문입니다(약 5:8). 신자는 땅의 것에 집착하지 않습니다. 그렇기에 모여 있어도 세력을 자랑하지 않으며 흩어져 있어도 흔들리지 않습니다. 신자는 뺏으면 빼앗기고 흩으면 흩어집니다. 그들은 대항하지 않습니다(참조. 약 5:6). 신자는 재물은 썩고 옷은 좀먹으며 금과 은은 녹이 슬 것을 알기에 세상에 미련을 두지 않습니다(약 5:2-3). 오히려 신자는 주께서 강림하시기까지 길이 참고 오래 참습니다(약 5:7, 10).

사도 베드로는 이런 사람을 '흩어진 나그네'라고 부릅니다(벧전 1:1). 신자는 이 땅에서 영원히 사는 정착민이 아니요 천국을 향해 길을 가는 흩어진 나그네입니다. 그러므로 신자가 세상의 것에 매이면 땅끝을 향해 흩어질 수 없습니다. 이것은 신자의 본질을 잃어버리는 것입니다.

교회와 신자의 특징은 모일 뿐만 아니라 흩어지는 데 있습니다. 신자는 하나님과 예수 그리스도께 매인 종일 뿐 아니라 그분에게 매여 있기에 또한 어디든지 갈 수 있는 흩어진 사람입니다. 신자는 땅의 것에 매이지 않기에, 오직 그리스도께만 매여 있기에 이 땅 어디에도 미련 없이 나아갈 수 있습니다. 신자는 매인 자이기에 또한 나아가는 자입니다. 신자가 그리스도께 소속되고 매이는 것은 곧 그리스도에게 집중하는 것입니다. 그런데 신자는 그리스도에게 집중하기 때문에 오히려 전진하고 확산하며 분산할 수 있습니다. 그리스도에 대한 집중이 땅끝을 향한 흩어짐을 낳습니다. 흩어짐은 매임이 있기에 가능하며, 분산은 집중에서 나옵니다.

이것은 마치 연과 연의 줄을 묶고 있는 얼레와 같습니다. 높이 날고 멀리 나아가고 싶은 연이 있습니다. 연은 어느 정도 하늘을 향해 오르자 자신이 생겼습니다. 그래서 자기가 묶여 있는 실을 끊어 달라고 요청했습니다. 연 날리는 사람이 얼레에 묶여 있던 실을 툭~ 하고 끊었습니다.

여러분, 연이 어떻게 되었을까요? 연은 잠시 솟구쳐 오르며 득세한 것 같더니 곧장 중심을 잃고 골짜기에 떨어지고 말았습니다. 여러분, 연은 얼레에 단단히 매여 있고 묶여 있을 때 높이 날고 멀리 나아갈 수 있습니다. 마찬가지로 신자도 온 땅에 흩어지기 위해서는 그리스도께 단단히 매여 있어야 합니다. 그래서 신자에게는 매임과 나아감, 집중과 분산, 묶임과 전진이 공존합니다. 이것이 신자의 긴장이요 균형입니다. 신자는 주께 매인 자이기에 세상을 향해 흩어지며, 주께 소속되었기에 흩어져도 종의 도를 잃지 않습니다. 신자는 주님의 종이기에 땅의 것에 매이지 않으며 주님께 매였기에 흩어져도 방종하지 않습니다.

그리스도인은 어떻게 사는가?

마지막으로 신자는 어떻게 사는 사람입니까? 야고보는 수신 교회에 문안인사를 합니다. 인사에는 내용이 있습니다. 과거에 먹고 사는 것이 어려웠을 때는 만나면 하는 인사가 "식사하셨습니까?"였습니다. 아픈 분을 만나면 "건강은 어떠십니까?"라고 인사합니다. 평안하십니까, 안녕하십니까? 이처럼 모든 인사는 내용을 가지고 있습니다. 마찬가지로 야고보도 문안인사에 내용을 담고 있습니다. 그의 '문안하노라'라는 말은 이미 앞에서 말씀드린 대로 '기뻐하다'(χαίρειν)라는 말입니다. 그의 인사의 내용은 기쁨입니다. 그는 왜 인사를 '기뻐하다'는 말로 했을까요?

신약의 서신서들 중 오직 야고보서에만 이 말이 문안인사로 사용되었습니다. 사도 바울의 13서신 중 그 어디에도 이 단어가 문안인사로 사용되지 않았습니다. 단지 사도행전 안에 등장하는 편지에서 두 번 사용되었을 뿐입니다(행 15:23; 23:26, cf. 고후 13:11). 그러므로 야고보가 '기뻐하다'라는 말로 문안 인사를 한 것은 매우 의도적입니다. 그 의도가 무엇일까요?

게다가 야고보는 2절을 "온전히 기쁘게(πᾶσαν χαράν) 여기라"라는 말씀으로 시작합니다. 그는 1절의 문안인사에서 사용한 '기뻐하다'라는 바로 그 단어로 편지의 본론을 시작합니다. 그는 '기쁨'이라는 말로 문안인사를 하며(1:1) '기쁨'이라는 말로 권면의 문을 엽니다(1:2). 야고보는 왜 이렇게 '기쁨'에 대하여 말하며 의도적으로 기쁨을 강조하는 것일까요?

하나님의 선택과 약속

야고보서를 받는 수신 교회에는 여러 가지 어려움이 있었습니다. 그 교회는 여러 가지 시험과 행함이 없는 믿음, 가난한 자와 부자 사이의 갈등, 말로 인한 아픔, 분쟁, 세속화 등 매우 어려운 상황에 처해 있었습니다. 그런데도 야고보는 '기쁨'으로 인사를 하며(1:1), '기쁨'으로 권면의 첫 말을 엽니다(1:2). 이렇게 함으로써 야고보는 신자와 교회는 아무리 힘든 형편에 있어도 기쁨을 잃으면 안 된다는 교훈을 강하게 주고 있습니다.

수신 교회가 어려운 문제들에 맞닥뜨려 있고 불완전하며 여전히 지혜가 부족하고 하나님 앞에 온전하지 못하지만, 그럼에도 불구하고 야고보는 그들에게 기쁨으로 문안합니다. 흩어져 있으나 기쁨으로 인사할 수 있는 사람, 그가 바로 신자이기 때문입니다. 비록 온전하지 못하지만 하나님이 그들을 선택하셨고 그들에게 믿음을 주셨으며 약속하신 나라를 상속하게 하셨습니다. 이것은 번복될 수 없습니다. 이 불변의 사실 때문에 야고보는 어려움 중에 있는 신자들에게 기쁨으로 인사합니다.

신자는 흩어져 있어도 기쁨을 잃지 않는 사람입니다. 흩어진 신자들은 서로 기쁨으로 문안합니다. 신자는 고난 중에도 기쁨으로 인사하며 어려움 가운데서도 기쁨으로 사는 신비한 비밀을 가진 사람입니다.

하나님의 주심

한 인생을 사는 것은 만만치가 않습니다. 더구나 흩어진 나그네가 되어 이 세상을 사는 것은 결코 호락호락하거나 녹록지 않습니다. 이들의 삶이 어떤지 야고보의 말을 직접 들어보겠습니다.

신자는 여러 가지 시험, 즉 믿음의 시련을 당합니다(1:2-3). 자주 지혜가 부족해서 어려움을 겪습니다. 물질이 부족합니다. 그래서 시도 때도 없이 욕심에서 일어나는 미혹이 들이닥칩니다. 분노하게 하는 일들이 참 많이 있고 육신이 아프고 배고프고 춥기도 합니다. 말도 안 되는 이유로 차별을 당합니다. 가난하다고 무시당하고 억압당합니다. 비방과 판단을 받습니다. 착취를 당합니다. 분쟁하고 세속화의 유혹을 받습니다. 하지만 신자는 이 모든 상황에서도 길이 참아야 합니다. 이것이 야고보가 말한 신자의 형편입니다. 그런데도 그는 기뻐하라고 말씀합니다.

분명 우리가 이 세상에 흩어져 나그네로 사는 것은 고난과 시련과 유혹과 가난과 환난의 삶입니다. 그런데도 야고보는 기쁨으로 살라고 독려하고 있습니다. 여기에는 분명한 이유가 있습니다. 그것은 우리가 그냥 나그네인 것이 아니라 하나님과 주 예수 그리스도에게 소속되고 소유가 된 나그네이기 때문입니다.

하나님은 우리의 아버지이십니다. 아버지이신 하나님이 온갖 좋은 은사와 온전한 선물을 위로부터 내려주십니다(1:17-18). 하나님은 우리가 믿음으로 구하면 꾸짖지 아니하시고 단 마음(후히)으로 주십니다. 하나님은 우리가 시련을 견디면 생명의 화관을 주시며 (1:12), 은혜를 주시되 더욱 큰 은혜를 주십니다(4:6). 우리가 길이 참으면 하나님은 이른 비와 늦은 비를 주시고 귀한 열매를 맺게 하십니다(5:7). 이처럼 우리를 소유하시는 하나님은 주시는 하나님이십니다. 무엇보다 하나님은 우리의 인생의 결말을 내시는 분입니다.

> "너희가 욥의 인내를 들었고 주께서 주신 결말을 보았거니와 주는 가장 자비하시고 긍휼히 여기시는 이시니라"(약 5:11).

'결말'이라는 말은 완성하고 성취한다는 뜻입니다. 야고보는 우리가 주께서 욥에게 주신 결말을 보았다고 말씀합니다. 여러분, 우리가 본 욥의 결말은 무엇입니까? 곤경이 그치고 재물과 자녀의 복을 다시 받은 것인가요? 우리가 욥의 결말에서 보아야 하는 것은 이런 것들이 아니라 주님의 자비와 긍휼입니다. 주님은 욥의 인생을 자비와 긍휼로 채우셨습니다. 주님은 자비와 긍휼로 욥의 인생을 완성하셨습니다.

우리는 욥에게서 이것을 보아야 합니다. 우리의 인생을 성취하고 완성하여 목적을 이루시는 분은 하나님이십니다. 고난의 나그네 인생을 자신의 자비와 긍휼로 채우시어 마침내 완성하시고 결말을 지으시는 분이 우리 아버지 하나님이십니다. 우리의 나그네 인생 전체가 가장 자비롭고 긍휼히 여기시는 하나님의 성품 안에 있습니다. 이 사실들을 확고히 믿는 것이 흩어져서 고난당하는 나그네의 삶을 살지만 그럼에도 기쁨을 잃지 않는 비결입니다.

맺음말

　이번 장에서 우리는 야고보가 말씀한 신자의 세 가지 특징을 살펴보았습니다. 첫째, 신자는 주님의 소유된 자이며 주님께 매인 자요 묶인 자입니다. 그래서 신자는 언제나 주님 중심으로 삽니다. 둘째, 신자는 주님께 묶여서 온 세상 끝까지 흩어지는 나그네입니다. 신자는 주님께 매여 있기에 땅의 것에 매이지 않고 세상 것에 집착하지 않습니다. 신자는 하나님께 매여 하나님께 집중하기에 오히려 천지사방으로 나아가고 전진하며 확산합니다. 셋째, 신자는 세상 온 땅에 흩어져 나그네로 살기에 많은 시험과 고난을 당합니다. 그렇지만 신자는 하나님께 소속되고 하나님의 은혜 속에 있다는 것을 알기 때문에 고난을 당해도 기뻐할 수 있습니다. 신자는 흩어져 있어도 기쁨을 잃지 않는 사람입니다. 신자는 고난 중에도 기쁨으로 인사하며 어려움 중에도 기쁨으로 사는 신비한 비밀과 능력을 가진 사람입니다. 우리가 모두 이렇게 하나님께 매여서 세상에 흩어지며, 흩어져서도 기뻐하며 사는 신자의 복을 누리시기를 축복합니다.

02 신자의 시험
야고보서 1:2-4

개역개정 • ² 내 형제들아 너희가 여러 가지 시험을 당하거든 온전히 기쁘게 여기라 ³ 이는 너희 믿음의 시련이 인내를 만들어 내는 줄 너희가 앎이라 ⁴ 인내를 온전히 이루라 이는 너희로 온전하고 구비하여 조금도 부족함이 없게 하려 함이라

사역 • ² 나의 형제들아, 너희는 여러 가지 시험들로 에워싸였을(포위되었을) 때는 언제나 모든 것을 기쁘게 (온전히 기쁘게) 생각하라. ³ 너희의 믿음의 시련(단련)이 인내를 산출한다는 것을 앎으로. ⁴ 그러므로 그 인내가 완전한 행위를 가지게 하라. 너희가 하나도 모자람 없이 완전하고 온전하기 위하여.

야고보서는 서신서입니다. 1절은 이 편지의 도입이며, 발신자와 수신자를 밝히고 문안합니다. 발신자인 야고보는 예수님의 형제이자 예루살렘 교회와 초기 기독교의 중심 지도자였습니다. 그런 야고보가 자신을 하나님과 주 예수 그리스도의 종이라고 소개함으로써 자신이 하나님과 예수님께 소속된 자이며 소유되고 매이고 묶인 자라는 사실을 제일 먼저 밝힙니다. 하나님께 소속되고 소유됨이 신자의 복이요 기쁨입니다. 우리가 하나님의 소유이기에 하나님은 우리 자신뿐만 아니라 우리의 삶 전체를 소유하시고 돌아보시며 책임지시기 때문입니다.

편지의 수신자는 흩어진 열두 지파입니다. 이들은 예수님을 믿고 구원받은 이 땅의 모든 신자와 교회입니다. 신자는 주님의 종이기에 주께 매여 있고 묶여 있지만, 그렇기 때문에 온 땅에 흩어질 수 있는 자이기도 합니다. 주님께 매여 온 세상에 흩어져서 나그네로 살아가는 사람이 바로 신자입니다. 이 세상은 우리가 영원히 머물 곳이 아닙니다. 우리의 종착지는 천국입니다.

이어서 야고보는 '기쁨'이라는 말로 문안인사를 합니다. 이 말은 성경에 흔히 나타나는 인사말이 아니었습니다. 그런데도 기쁨이라는 말로 인사를 한 것은 이 땅에 흩어져 나그네로 사는 삶이 힘들고 어렵고 불안정하고 아픔이 많지만 그래도 억울해하거나 슬퍼하지 말고 기쁘게 살아가라고 권면하기 위해서입니다.

그리고 2절부터는 편지의 중심 내용인 본론입니다. 야고보는 본론의 첫 번째 주제로 시험에 대하여 말씀합니다. 3절에서 그는 이 시험을 '믿음의 시련'이라고 말합니다. 따라서 신자의 시험은 믿음을 성장시키고 신앙 인격과 행실을 온전하게 만들어 조금도 부족함이 없게 하려는 단련이요 연단입니다(4).

시험의 특징(2a)

믿음의 시련인 신자의 시험에는 몇 가지 특징이 있습니다. 첫째로 시험의 대상은 모든 신자입니다. 야고보는 '너희가 시험을 당하거든'이라고 말씀합니다. 여기서 '너희'는 바로 앞에 나오는 '나의 형제들'을 가리키는데, 1절에서는 이들을 '흩어진 열두 지파'라고 불렀습니다. 따라서 모든 신자가 시험을 당합니다. 신자가 되는 것은 유대인이나 헬라인이나 종이나 자유인이나 남자나 여자나 차별이 없습니다(갈 3:28; 엡 6:8; 골 3:11). 구원은 인종과 신분과 성과 나이를 초월하여 이루어집니다. 그런데 신자가 된 후에 받는 시험도 이와 같습니다. 신자라면 인종, 신분, 성과 나이를 뛰어넘어 그 누구도 예외 없이 시험을 당합니다.

그러므로 우리는 시험을 당할 때, 하나님은 왜 나에게만 이런 아픔을 주시느냐며 원망하거나 불평하면 안 됩니다. 믿음의 시련은 어떤 신자도 피해 갈 수 없습니다. 시험이 없다면 그것이 오히려 이상한 일입니다. 시험은 다 받는 것이요, 시험이 없으면 사생자요 친아들이 아니기 때문입니다(cf. 히 12:8). 그러므로 우리는 시험이 오는 것을 이상하게 여기지 않아야 합니다.

둘째로, 시험의 시간(때)은 따로 정해져 있지 않습니다. '시험을 당하거든'(ὅταν περιπέσητε)이라는 말은 '시험을 당할 때는 언제든지', 또는 '시험을 당할 때마다'라는 뜻입니다. 따라서 시험의 때는 따로 정해져 있지 않습니다. 시험은 예고하고 오지 않습니다. 시험은 무시로 닥쳐옵니다. 신자의 생애 전체가 시험에 노출되어 있습니다. 신자는 시험의 시간을 선택할 수도 없고 피할 수도 없습니다. 그렇기 때문에 우리는 언제나 깨어 있어야 합니다.

셋째로, 시험의 공간은 사방팔방입니다. 신자의 시험은 동서남북을 가리지 않고 모든 곳에서 옵니다. 시험을 '당하다'(περιπίπτω)라는 말은 '에워싸서(περί) 떨어지다(πίπτω)'라는 의미입니다. 도적이 사람을 해치기 위해 뺑 둘러싸듯이(눅 10:30, cf. 행 27:41) 혹독한 시련이 신자를 뺑 둘러싸서 달려듭니다. 시련은 신자의 앞뒤 좌우를 가리지 않고 마치 태풍이 집중호우를 쏟아붓듯이 내리칩니다. 신자가 당하는 시험은 공간적으로 물 샐 틈이 없습니다.

넷째로 시험의 종류는 여러 가지입니다. 야고보는 '여러 가지' 시험이라고 말했습니다. '여러 가지'(ποικίλοις)라는 말은 '많은 색깔'(many-colored)이라는 뜻입니다. 신자의 시험은 총천연색입니다. 세상에 수많은 색이 있듯이 시험의 종류도 수없이 많습니다. 신자가 신앙의 성장과 성숙을 위해 통과해야 하는 고난과 시련의 종류는 너무나 많고 다양해서 다 셀 수 없습니다. 이 시련은 물질, 정신, 인격, 건강, 행위, 인간관계, 말, 계획, 직장, 사업, 가정, 교회, 사회생활 등 인간 활동의 모든 분야와 관련되어 있습니다.

이처럼 믿음의 시련인 시험은 그 대상인 인간과 시험의 때인 시간과 시험이 행해지는 공간과 시험의 종류를 가리지 않습니다. 신자가 상대하는 모든 공간과 시간과 인간이 다 단련의 자리요 수단이며 사건입니다. 믿음의 시련은 매우 주도면밀하며 절대로 헐렁하지 않습니다. 그래서 베드로는 이 시험을 '불 시험'이라고 했습니다. 하나님은 신자를 매우 혹독하게 연단하십니다. 그래야 순금 같은 신자가 될 수 있기 때문입니다. 욥이 말했습니다.

"내가 가는 길을 그가 아시나니 그가 나를 단련하신 후에는 내가 순금같이
되어 나오리라"(욥 23:10).

시험에 대한 신자의 반응(2b)

그러면 신자는 인간, 시간, 공간과 종류를 가리지 않고 오늘 불 시
험을 당할 때 어떻게 반응해야 할까요? 놀랍게도 야고보는 시험을
당하거든 '온전히 기쁘게 여기라'라고 말씀합니다. 그는 1절에서 문안
할 때 기쁨이라는 단어를 이미 사용했습니다. 그런데 본론의 첫 주
제로 시험을 말하면서도 기쁨이라는 단어를 다시 쓰고 있습니다(2).
이는 분명 '기쁨'을 강조하는 것입니다. 게다가 그는 '온전히 기쁘게 여
기라'라고 말씀합니다. 사도 베드로도 이와 같은 말씀을 했습니다.

"사랑하는 자들아 너희를 연단하려고 오는 불 시험을 이상한 일 당하는 것
같이 이상히 여기지 말고 오히려 너희가 그리스도의 고난에 참여하는 것
으로 즐거워하라(χαίρετε) 이는 그의 영광을 나타내실 때에 너희로 즐거워
하고 기뻐하게(χαρῆτε) 하려 함이라"(벧전 4:12-13).

결국 신자의 시험은 기쁨과 직결됩니다. 신자는 믿음의 시련을

당했을 때, 그것에 함몰되어 낙심하거나 절망하거나 실족하거나 믿음에서 멀어지면 안 되고 오히려 그것을 온전히 기쁘게 여겨야 합니다. 신자는 시험이 없는 사람이 아니라 시험을 당했을 때 기뻐하는 사람입니다. 신자의 위대함은 시험을 받지 않는 데 있는 것이 아니라 시험을 기쁨으로 받아들이는 데 있습니다. 우리도 우리가 당하는 시험을 원망과 불평의 때로 삼지 말고 기쁨을 표현하는 기회로 삼아야 할 줄로 믿습니다.

시험을 기쁘게 여겨야 하는 이유(3)

그러면 신자가 시험을 만났을 때 기뻐해야 하는 이유는 무엇일까요? 그 이유는 3절에 있습니다. "이는 너희 믿음의 시련이 인내를 만들어 내는 줄 너희가 앎이라"라고 말합니다. 신자가 믿음의 시련을 온전히 기뻐해야 하는 이유는 그 시련이 인내를 만들어내기 때문입니다. 환난과 병듦과 가난과 멸시와 천대 등 온갖 믿음의 시련은 그 자체가 기쁜 것은 결코 아닙니다. 이 모든 것은 말 그대로 시련이요 고난입니다. 그러나 신자는 시련을 통해서 인내라는 열매를 결실하게 됩니다. 믿음의 시련은 고난으로 끝나지 않고 인내라는 신앙인격을 결실합니다.

그런데 야고보는 4절에서 "인내를 온전히 이루라"라고 권면합니다. 이 말은 '인내는 완전한 행위(ἔργον)를 가지라'(4a)라는 뜻입니다.

인내는 행위입니다. 인내는 단순히 개념이나 사상이나 머릿속의 생각이 아니라 행동입니다. 또한 인내는 지속적이어야 합니다. 잠시 잠깐 견디다가 포기해 버리는 것은 신자의 인내가 아닙니다. 신자는 시험을 끝까지 견뎌야 합니다. 오랜 기간의 시험일지라도, 끝끝내 포기하지 않고 참아야 합니다. 신자가 당하는 시련은 매우 질기고 모질고 무겁고 힘들고 아픕니다. 그래서 신자로 사는 것은 녹록하거나 만만하거나 호락호락하지 않습니다.

우리는 이 사실을 잘 알고 있어야 합니다. 그래야 시험을 당했을 때도 '시험이라는 게 원래 이렇게 아프고 힘든 것이지'라며 참고 또 참을 수 있습니다. 농부가 좋은 열매를 얻을 때까지 이른 비와 늦은 비를 길이 참아 기다리듯이(약 5:7), 선지자들이 하나님의 뜻이 이루어지기까지 고난 속에서도 오래 참았듯이(약 5:10), 욥이 환난과 비난을 끝까지 견뎠듯이(약 5:11) 인내는 힘들고 아프고 무겁고 고통스러워도 오랫동안 끝까지 지속하는 행위입니다.

시험의 목적(4)

이어서 4절에서 야고보는 인내하는 목적에 대하여 밝힙니다. 이것은 하나님이 신자를 시험하시는 궁극적인 목적이기도 합니다.

"인내를 온전히 이루라 이는 너희로 온전하고($\tau\acute{\epsilon}\lambda\epsilon\iota o\varsigma$) 구비하여($\acute{o}\lambda\acute{o}\kappa\lambda\eta\rho o\varsigma$)

조금도 부족함이 없게(ἐν μηδενὶ λειπόμενος) 하려 함이라"

이 말씀은 외모도 완전하고 내용도 완전하여 안팎이 두루 단 하나의 결핍도 없이 완벽하다는 뜻입니다. 겉으로 드러나는 행위와 내면의 인격이 모두 단 하나의 결함도 없다는 말입니다. 하나님은 신자가 행위와 인격 모두에서 무흠하기를 원하십니다. 이에 대하여 예수님이 이렇게 말씀하셨습니다.

"하늘에 계신 너희 아버지의 온전하심과 같이 너희도 온전하라"(마 5:48).

하나님은 모든 신자를 단 하나의 결핍도 없는 온전한 자로 세우시기를 원하십니다. 하지만 이 일은 그냥 되는 것이 아니라 지속적인 인내를 통해서 이루어집니다. 온전한 인내가 온전한 성도를 만듭니다. 결국 신자의 믿음의 시련은 인내를 결실하며, 인내는 신자를 하나님이 목적하신 완전하고 온전한 자로 이끕니다. 그러므로 신자는 시험이 하나님의 관심과 사랑에서 나온 줄 알고 기쁘게 여겨야 합니다.

맺음말

모든 신자는 믿음의 시련인 시험을 당합니다. 이 시험은 시도 때도 없으며, 장소도 정해져 있지 않고 종류는 너무 많아 다 셀 수 없습니다. 시련은 언제나 무겁고 힘들고 아프고 고통스럽습니다. 그러나 신자는 시험을 당했을 때 기뻐해야 합니다. 우리가 이러는 것은 정신이 이상해서가 아니라 믿음의 시련이 인내를 만든다는 것을 알기 때문입니다. 또한 인내를 온전히 이룰 때 온전하고 완전하여 조금도 부족함이 없는 자가 된다는 사실을 알기 때문입니다.

하나님이 우리에게 시련을 주시는 것은 우리를 죽이고 망하게 하려는 것이 아니라 하나님처럼 온전하게 만들기 위해서입니다. 이런 면에서, 고난이 없다는 것은 축복이라기보다는 불행입니다. 시험은 분명 즐거운 일이 아니며 힘들고 어렵고 고통스럽습니다. 하지만 그것은 우리에 대한 하나님의 사랑과 관심에서 나온 것이며 우리를 온전하게 세우시려는 하나님의 열심과 성의의 표현입니다.

그러므로 시험을 당할 때 하나님의 사랑과 관심이 또 나를 압도하는구나 하는 믿음을 가지고 온전히 기뻐하며 끝까지 인내하시기를 바랍니다. 인내는 행위입니다. 고난이 왔을 때 불평하지 말고 욕하지 말고 집어던지지 말고 싸우지 말고 다른 사람 원망하지 말고 분노하지 마십시오. 인내는 행동으로 하는 것입니다.

우리는 시험당할 때 걱정과 염려로 함몰되면 안 됩니다. 대신에 시험을 인내했을 때 주어질 하나님의 결말을 바라보십시오. 우리가 당하는 고난 뒤에 하나님이 계심을 믿고 의지하십시오. 고난이 우리의 결말을 결정하지 못합니다. 결말을 내시는 분은 하나님이십니다. 하나님은 결말의 하나님이십니다.

"주께서 주신 결말을 보았거니와"(약 5:11).

시험은 시험 자체로 끝나지 않습니다. 하나님은 시험을 참고 견디는 자에게 성장과 성숙의 은혜를 베푸십니다. 주님의 온전하심을 더욱 닮게 하십니다. 안팎으로 조금도 부족함이 없게 하십니다. 우리는 이 결말을 생각하며 시련을 이겨내야 합니다. 우리에게는 믿음의 시련이 있지만 우리의 현재를 주관하는 것은 당장의 고난이 아니라 주님이 이루실 미래의 결말입니다.

우리는 미래에 의해 현재를 사는 사람입니다. 우리의 삶은 미래가 현재를 이끄는 삶입니다. 그러므로 믿음의 시련 때문에 슬퍼해야 할 이유는 하나도 없습니다. 우리 모두가 이 믿음에 굳게 서서 기쁘게 시험을 감당하는 성숙한 신자가 되시기를 바랍니다.

03 부족하거든
야고보서 1:5-8

개역개정 • [5] 너희 중에 누구든지 지혜가 부족하거든 모든 사람에게 후히 주시고 꾸짖지 아니하시는 하나님께 구하라 그리하면 주시리라 [6] 오직 믿음으로 구하고 조금도 의심하지 말라 의심하는 자는 마치 바람에 밀려 요동하는 바다 물결 같으니 [7] 이런 사람은 무엇이든지 주께 얻기를 생각하지 말라 [8] 두 마음을 품어 모든 일에 정함이 없는 자로다

사역 • [5] 그러나 만일 너희 중에 어떤 사람이 지혜가 부족하다면, 그는 모든 사람에게 단 마음으로 주시고 꾸짖지 아니하시는 하나님께 간구하라. 그리하면 그것이 그에게 주어질 것이다. [6] 그러나 그는 믿음으로 간구하고 단 하나도 의심하지 말라. 왜냐하면 의심하는 자는 바람에 의해 밀려가며 날뛰는 바다의 거친 파도와 같기 때문이다. [7] 실로 이 사람은 그가 주님으로부터 어떤 것을 받게 될 것이라고 기대하지 말라. [8] (그는) 그의 모든 일에 변덕스러운 두 마음을 가진 사람이다.

야고보는 1:2-4에서 믿음의 시련인 시험에 대하여 말씀했습니다. 신자는 시험을 당할 때 온전히 기쁘게 여겨야 합니다. 왜냐하면 믿음의 시련이 인내라는 성령의 열매를 만들어 내기 때문입니다. 그리고 인내를 온전히 이루면 온전하고 구비하여 안팎으로 조금도 부족함이 없는 신자가 됩니다. 이것이 하나님이 우리를 시험하시는 목적입니다.

부족의 문제(5a)

시험의 문제에 이어 야고보는 5-8절에서 지혜의 부족과 간구에 대하여 말씀합니다. 그는 5절에서 "너희 중에 누구든지 지혜가 부족하거든"이라고 말합니다. 그러나 그는 더 이상 지혜나 부족에 대하여 말하지 않고 단지 간구에 대하여 말씀합니다. 그래서 본문은 간구에 초점이 맞추어져 있습니다.

우리에게는 부족한 것이 너무나도 많습니다. 우리는 매일 부족함 속에서 살고 있습니다. 지혜만 부족한 게 아닙니다. 물질이 부족합니다. 건강이 부족합니다. 지식이 부족하고 실력이 부족하고 능력과 힘이 부족합니다. 사랑이 부족하고 행위가 부족합니다. 믿음이 부족하고 순종이 부족하고 섬김과 긍휼과 겸손이 부족하고 배려가 부족합니다. 인격이 부족하고 인간관계가 부족합니다. 인내가 부족하고 영적 통찰이 부족합니다.

이 외에도 우리에게는 부족한 것이 참으로 많습니다. 이것이 우리의 현실이요 실제 상황입니다. 이것을 부인할 사람은 아무도 없습니다. 그러면 우리는 어떻게 해야 이렇게 많은 부족을 극복할 수 있을까요? 부족에 대한 대책은 무엇일까요? 야고보는 본문에서 이 문제에 대하여 답을 주고 있습니다.

대책(5b-8) - 간구

야고보는 5절에서 "만일 어떤 사람이 지혜가 부족하다면 하나님께 구하라"라고 권면합니다. '구하라'라는 이 말은 마태복음 7:7-11에서 매 절마다 한 번씩 나오는 바로 그 단어입니다.

"구하라 그리하면 너희에게 주실 것이요 … 구하는 이마다 받을 것이요 … 너희 중에 누가 아들이 떡을 달라 하는데 돌을 주며 생선을 달라 하는데 뱀을 줄 사람이 있겠느냐 … 하늘에 계신 너희 아버지께서 구하는 자에게 좋은 것으로 주시지 않겠느냐."

그러므로 야고보가 '구하라'라고 말한 것은 간구하라, 즉 기도하라는 말씀입니다. 부족을 해결하기 위한 야고보의 대책은 간절히 구하는 것입니다. 우리가 부족함을 해결하는 방도는 염려나 실망이나 좌절이 아니라 지속적이고 간절한 기도입니다.

간구의 대상(5b)

그러면 신자는 누구에게 지혜를 간구해야 할까요? 야고보는 '하나님께' 구하라고 말씀합니다. 우리의 간구의 대상은 하나님이십니다. 그리고 우리가 하나님께 구해야 하는 이유는 하나님이 어떤 분이시냐 하는 데 있습니다.

첫째, 하나님은 '주시는' 하나님이십니다(5b). 어떤 사람이 헐벗고 일용할 양식이 없는 형제나 자매에게 평안히 가라, 덥게 하라, 배부르게 하라고 말만 하고 그 몸에 쓸 것을 '주지' 않는다면, 이것은 아무런 유익이 없습니다(약 2:15-16). 마찬가지로 만일 하나님이 우리의 간구에 말로만 '힘들겠구나, 어렵겠구나' 하시며 실제로 부족한 것을 채워주시지 않는다면 우리의 간구는 아무런 유익이 없습니다.

그러나 하나님은 이런 사람들과 같지 않으십니다. 하나님은 우리의 간구에 '주시는' 하나님이십니다. 그래서 야고보는 5절에서 구하는 자가 "주님으로부터 받는다"라고 말씀하며, 4:6에서 "하나님은 더욱 큰 은혜를 주신다. … 하나님은 … 은혜를 주신다"라고 말합니다. 특별히 야고보는 기도와 관련하여 하나님의 주심을 강조합니다.

"다시 기도하니 하늘이 비를 주고 땅이 열매를 맺었느니라"(약 5:18).

기도하니 하늘이 비를 주었습니다. 여기서 하늘은 하나님을 상징합니다. 하나님은 주시되, 특히 기도하는 자에게 주십니다. 신자의 기도에 하나님이 응답하십니다. 그러므로 부족함이 있는 신자는 하나님께 구하여야 합니다. 신자의 부족을 해결하기 위한 하나님의 대책은 기도입니다.

둘째, 하나님은 주시되, 후히 주시는 하나님이십니다. '후히'(ἁπλῶς) 준다는 말은 단순히 양적으로 많이 준다는 의미가 아닙니다. 하나님이 구하는 자에게 많이 주시고 넉넉히 주시는 것은 분명한 사실입니다. 그러나 5절의 하나님이 후히 주신다는 말은 하나님이 주시는 '분량'을 넘어서 그렇게 넉넉하게 주시는 것을 가능하게 만든 하나님의 '마음'에 대한 말씀입니다.

이것은 5절의 '후히'가 8절의 "두 마음을 품는 것"(δίψυχος)과 반대된다는 사실에서 잘 드러납니다. 두 마음은 마음이 둘로 나누어지는 것이고 '후히'는 그 반대로 마음이 나누어지지 않은 하나의 마음을 가리킵니다. 두 마음은 줄까말까 고민하며 '이것 주고 나면 나는 어떻게 하지?'라며 둘로 갈라진 망설이는 마음입니다. 그런 마음으로는 넉넉하고 관대하게 줄 수 없습니다. 반대로 '후히'는 하나의 마음이기에 어떤 고민도 없이 관대하게 주는 마음입니다. 따라서 하나님이 후히 주신다는 말은 넉넉하고 많이 주신다는 분량의 의미를 넘어서 그렇게 관대하게 주실 수 있는 원인인 하나님의 '하나의' 마음을 강조하는 것입니다.

사람은 자주 두 마음을 품지만, 하나님은 단 마음의 하나님이십니다. 하나님의 마음은 언제나 단일하십니다. 마음이 나누어지면 그래서 두 마음이 되면 생각도 나누어지고 복잡해집니다. 두 마음을 품으면 마땅히 주어야 할 때도 고민하며 선뜻 내어주지 못하고 관대하게 주지도 못합니다. 단순한 마음, 단 마음, 하나의 마음이어야 아무런 고민 없이 관대하게 아끼지 않고 줄 수 있습니다. 하나님이 바로 그러하십니다. 하나님은 단 마음이시므로 구하는 자에게 '줄까 말까, 줘야 하나 말아야 하나'하는 갈등을 하지 않으십니다. 하나님은 구하는 자에게 단 마음으로 아낌없이 주십니다. 이런 이유로 우리는 하나님의 주심을 기대하며 열심히 기도하는 것입니다.

셋째, 하나님은 후히 주시되, 꾸짖지 않고 주십니다. 하나님은 구하는 자를 멸시하거나 비난하거나 나무라거나 꾸짖거나 모욕하지 않고 단 마음으로 넘치게 주십니다. 이것은 하나님의 성품의 반영입니다. 하나님은 구하는 자에게 자신의 성품을 따라 주십니다. 다시 말해 하나님의 성품을 따른 것입니다.

"하나님의 성품이 성도들이 간구하는 것을 가능하게 하는 근거입니다."

하나님의 주심에는 하나님이 성품이 표현되고 실현됩니다. 그러므로 하나님께 구하는 자는 하나님으로부터 받되, 궁극적으로 '하나님 자신'을 받게 됩니다. 이것이 바로 하나님께 구하는 자가 받는 가장 큰 응답이요 기도하는 자의 영광입니다.

넷째, 하나님은 후히 주시고 꾸짖지 않고 주시되, 모든 사람에게 그렇게 주십니다. 물론 여기서 말하는 '모든 사람'은 세상의 모든 사람이 아니라 의심하지 않고 오직 믿음으로 하나님께 구하는(6) 모든 사람입니다. 이 사람은 하나님이 만물을 소유하시며 만물이 하나님께 속한 것과 예수님이 그의 구주이심을 믿는 사람입니다(1:1). 또한 이 사람은 온갖 좋은 은사와 온전한 선물이 다 위로부터 빛들의 아버지께로부터 내려온다(1:17)는 사실을 믿는 자입니다. 하나님은 이 믿음을 가지고 하나님께 구하는 모든 자에게 단 마음으로(후히) 주시며 책망하지 않고 주십니다. 하나님은 믿음으로 간구하는 모든 사람에게 주십니다. 하나님은 사람을 차별하지 않습니다(cf. 약 2:1, 4, 9).

간구의 결과(5b)

이어서 야고보는 하나님께 구한 결과에 대하여 말씀합니다.

"그리하면 주시리라"(5b).

야고보는 5절에서 주신다는 말을 반복합니다.

"후히 주시고 … 주시리라"

하나님은 주시는 하나님이시므로 구하는 자에게 반드시 주십니다. 간구하는 자에게 주어지는 모든 것은 전적으로 하나님의 역사요 은혜입니다. 구하는 자가 받을 수 있는 것은 그가 의롭거나 구하는 행위 자체가 능력이 있어서가 아니라 기도를 들으시는 하나님이 은혜로서 책망하지 않고 후히 주시고 너그럽게 주시기 때문입니다. 신자의 간구 자체에 능력이 있거나 신비한 효력이 있는 것이 결코 아닙니다. 단지 신자의 간구에 자신의 성품을 따라 반응하시는 하나님의 은혜가 크실 뿐입니다. 신자는 하나님의 성품을 의지하여 구하며 하나님은 자신의 성품을 따라 은혜를 베푸십니다. 그러므로 기도는 하나님과 신자 사이의 상호 작용입니다.

간구의 수단과 제한(6a)

이와 함께 야고보는 간구의 수단과 제한에 대하여 말합니다. 그는 6절에서 "오직 믿음으로 구하라"(6a)라고 말씀합니다. 간구의 수단은 오직 믿음입니다. 하나님께 구하는 모든 자는 믿음으로 구해야 합니다. 믿음만이 하나님께 구하는 것을 가능하게 합니다. 믿음을 떠나면 간구도 없습니다. 또한 하나님은 모든 사람에게 차별하지 않고 후히 주시지만, 그렇다고 해서 아무에게나 주시는 것은 아닙니다. 하나님의 주심에는 분명한 제한이 있습니다. 그것도 '믿음'입니다. 신자의 간구와 하나님의 주심은 오직 믿음 안에서만 유효합니다. 그러므로 하나님께 구하는 자는 믿음 '안'에서 구하고 믿음'으로' 구해야 합니다. 간구의 수단과 제한은 모두 믿음입니다.

야고보는 이 점을 더욱 강조하기 위해 "조금도 의심하지 말라"는 말씀을 덧붙였습니다. 구하는 자는 조금도, 그 어떤 것도, 단 하나도 의심하지 말고 오직 믿음으로 구해야 합니다. 최소의 의심도 간구에 아무런 응답을 가져다주지 못하게 만듭니다. 이것은 마치 전

화번호 한 자리만 잘못되어도 상대방과 아무런 이야기를 나눌 수 없는 것과 같습니다. 하나님은 오직 의심하지 않고 믿음으로 구하는 자에게 주십니다.

의심하는 자(6b-8)

그러면 간구할 때 조금도 의심하면 안 되는 이유는 무엇일까요?

"왜냐하면 의심하는 자는 바람에 의해 밀려가며 날뛰는 바다의 거친 파도와 같기 때문입니다"(6b).

의심하는 자는 거친 파도와 같습니다. 야고보는 의심을 바다의 파도에 비유합니다. 바다의 파도는 늘 불안정합니다. 마찬가지로 의심도 정함이 없고 불안정합니다. 또한 거친 파도는 굉장히 파괴적입니다. 큰 배를 침몰시키고 그 단단한 콘크리트 방파제를 부수고 뛰어넘어 집을 삼키고 사람을 휩쓸어 갑니다. 성난 파도는 모든 것을 삼키는 블랙홀과 같습니다. 의심도 모든 것을 깨뜨리고 무너뜨리고 삼켜버립니다. 나아가서 의심은 끝도 없고 다함도 없습니다. 의심은 만족할 줄 모르는 괴물입니다. 의심은 아무리 부어도 채워지지 않는 밑 빠진 항아리입니다. 의심은 아무리 내려가도 바닥에 닿을 수 없는 무저갱과 같습니다.

야고보는 바다의 거친 파도가 일어나는 원인에 대해서도 설명합니다. 그것은 바로 바람입니다. 바람에 의해 밀려가는 바다는 스스로 요동하지 않습니다. 바다는 외부의 세력에 의해 영향을 받습니다. 의심도 대체로 외부적인 요인에 의해 일어납니다. 그것은 사람, 사물, 사건 등이 될 수 있습니다. 어쨌든 의심하는 사람은 외부적인 세력에 민감하게 영향을 받습니다. 그러므로 하나님께 간구하는 사람은 외적인 영향을 경계하고 오직 하나님을 믿고 바라보아야 합니다.

거친 파도는 바람에 의해 밀려가며 날뛰고 뒤집어지며 요동칩니다. 거친 파도는 솟구쳐 오르기와 다시 내려오기를 반복합니다. 이것을 8절에서는 "두 마음을 품었다"(δίψυχος)라고 말합니다. 의심하는 자는 거친 파도처럼 솟구쳐 오르기와 내리기를 반복합니다. 그는 무질서하고 혼란스러우며 어지럽습니다. 의심하는 자는 그의 모든 일에 안정적이지 못합니다. 그는 변덕스러운 사람입니다. 그래서 의심하는 사람은 두 마음을 가진 사람입니다. 그는 하는 일마다 변하기 쉽고 미덥지 못합니다. 그는 불신의 사람입니다.

이런 사람은 주님으로부터 어떤 것을 받을 것이라고 기대하지 말아야 합니다(7). 하나님은 주시는 분이요 믿음으로 구하는 모든 사람에게 책망하지 않고 너그럽게 주시는 분이십니다. 그러나 의심하는 자에게는 그 어떤 것도 주시지 않습니다. 믿음을 벗어난 자는 주님으로부터 받을 것이 아무것도 없습니다. 그는 하나님으로부터 어떤 것도, 단 하나도 받지 못합니다.

맺음말

우리는 이 세상에 사는 동안 자주 부족을 경험합니다. 이와 같
은 부족을 해결하기 위해서 우리는 하나님께 구해야 합니다. 하나
님은 주시는 분입니다. 하나님은 단 마음의 하나님이시기 때문에
조금도 갈등하거나 망설이지 않고 구하는 우리에게 관대하게 주십
니다. 하나님은 믿고 구하는 우리에게 꾸짖지 않고 넉넉하게 주십
니다. 우리가 기도하면 하나님은 주십니다. 우리의 부족을 하나님
이 채우십니다.

그러므로 여러분, 후히 주시되 꾸짖지 않고 주시는 하나님께 구
하십시오. 온갖 좋은 은사와 온전한 선물이 다 위로부터 빛들의 아
버지께로부터 내려온다는 사실을 믿고 하나님께 구하십시오. 조금
도 의심하지 말고 하나님의 선하심을 믿고 구하십시오.

의심하는 자는 두 마음을 품은 자입니다. 그는 온전히 하나님을
믿지 않는 자입니다. 그는 요동치는 파도처럼 하나님이 주신다고 믿
었다가 금방 "그럴 리가 없지"라며 의심하는 사람입니다. 우리는 이
렇게 하면 안 됩니다. 오직 한 마음으로, 단 마음으로 하나님을 믿
고 구하십시오. 그리하면 하나님이 채우십니다. 시편 34:10은 이렇
게 노래합니다.

"젊은 사자는 궁핍하여 주릴지라도 여호와를 찾는 자는 모든 좋은 것에 부족함이 없으리로다"

우리의 간구를 들으시고 후히 주시는 하나님을 굳게 믿어 여호와로 인해 부족함이 없는 인생을 사시기를 주님의 이름으로 축복합니다.

04 시험과 유혹
야고보서 1:12-18

개역개정 • ¹² 시험을 참는 자는 복이 있나니 이는 시련을 견디어 낸 자가 주께서 자기를 사랑하는 자들에게 약속하신 생명의 면류관을 얻을 것이기 때문이라 ¹³ 사람이 시험을 받을 때에 내가 하나님께 시험을 받는다 하지 말지니 하나님은 악에게 시험을 받지도 아니하시고 친히 아무도 시험하지 아니하시느니라 ¹⁴ 오직 각 사람이 시험을 받는 것은 자기 욕심에 끌려 미혹됨이니 ¹⁵ 욕심이 잉태한즉 죄를 낳고 죄가 장성한즉 사망을 낳느니라 ¹⁶ 내 사랑하는 형제들아 속지 말라 ¹⁷ 온갖 좋은 은사와 온전한 선물이 다 위로부터 빛들의 아버지께로부터 내려오나니 그는 변함도 없으시고 회전하는 그림자도 없으시니라 ¹⁸ 그가 그 피조물 중에 우리로 한 첫 열매가 되게 하시려고 자기의 뜻을 따라 진리의 말씀으로 우리를 낳으셨느니라

사역 • ¹² 시험을 참는 사람이 복이 있다. 왜냐하면 시련(연단)을 받은 후 그가 주께서 그를 사랑하는 자들에게 약속하신 생명의 화관을 받을 것이기 때문이다. ¹³ 유혹을 받을 때에 단 한 사람도 내가 하나님으로부터 유혹을 받는다고 말하지 말라. 왜냐하면 하나님은 악한 것들에 의해 유혹을 받을 수 없으시며, 그 자신 또한 단 한 사람도 유혹할 수 없으시기 때문이다. ¹⁴ 그러나 각 사람은 그 자신의 욕망에 의해 끌려가고 유혹을 받는다. ¹⁵ 결국 욕망이 잉태하여 죄를 낳고, 죄가 다 자라서 죽음을 낳는다. ¹⁶ 나의 사랑하는 형제들아, 너희는 속지 말라. ¹⁷ 모든 선한 선물과 모든 온전한 선물이 위로부터 빛들의 아버지로부터 내려온다. 그에게는 변함이나 전환의 그림자가 없다. ¹⁸ 우리가 그의 피조물들 중에 어떤 첫 열매가 되게 하려고 그가 계획을 세우셨고 진리의 말씀으로 우리를 낳으셨다.

복 있는 사람(12a)

야고보는 12절을 '복 있는 사람'이라는 말로 시작합니다. 야고보서는 복 있는 사람이 어떤 사람인지를 두 가지로 설명합니다. 하나는 말씀을 행하는 자, 즉 율법을 실천하는 사람입니다.

"자유롭게 하는 온전한 율법을 들여다보고 있는 자는 듣고 잊어버리는 자가 아니요 실천하는 자니 이 사람은 그 행하는 일에 복을 받으리라"(약 1:25).

다른 하나는 인내하는 사람입니다.

"시험을 참는 자는 복이 있나니"(약 1:12).

"보라 인내하는 자를 우리가 복되다 하나니"(약 5:11).

이처럼 야고보서는 복에 관해 세 번 말하는데, 그 중에 두 번이 인내와 관련됩니다.

시험을 참는 사람

12절은 시험을 참는 사람이 복이 있다고 말씀합니다. 복 있는 사람은 믿음의 시련을 견디는 사람입니다. 세상 사람들은 시련이 있어 참고 견뎌야 하는 것을 고난이라고 하지 복이라고 하지 않습니다. 그들은 시련이 없이 모든 일이 잘되는 것을 복이라고 말합니다. 그들은 만사형통이 복이라고 합니다. 그러나 성경은 그렇게 말씀하지 않습니다. 복 있는 사람은 시험이 없는 사람이 아니라 시험을 참고 견디고 인내하는 사람입니다.

이유(12b)

그 이유는 먼저, 시험을 견딘 자가 생명의 화관(στέφανος)을 받을 것이기 때문입니다.

> "이는 시련을 견디어 낸 자가 주께서 자기를 사랑하는 자들에게 약속하신 생명의 면류관을 얻을 것이기 때문이라"(12).

신자의 복은 시련이 없는 것이 아니라 시련을 견디어 마침내 생명의 면류관을 받는 것입니다. 이 면류관은 왕관(διάδημα)이 아니라 운동선수가 인내하며 열심히 훈련한 결과로 경기에서 우승했을 때 받는 승리자의 화관입니다. 신약성경에는 이에 대한 예들이 종종 나타납니다(cf. 딤후 4:8; 벧전 5:4).

> "이기기를 다투는 자마다 모든 일에 절제하나니 그들은 썩을 승리자의 관을 얻고자 하되 우리는 썩지 아니할 것을 얻고자 하노라"(고전 9:25).

경기에서 이기기를 힘쓰는 사람은 절제하는데 이것은 본성을 거스르고 참고 인내하는 것입니다. 시련 없는 화관은 없습니다. 시련이 없으면 화관도 없습니다. 그러므로 시련이 없는 것이 신자에게 복이 아니라 시련이 복입니다.

시험을 참는 자가 복이 있는 두 번째 이유는 이 생명의 화관이 하나님의 약속의 결과이기 때문입니다. 시험을 참는 자에게 하나님이 생명의 화관을 주십니다. 하지만 이 화관을 단순히 신자가 인내한 결과물로 생각하면 큰 잘못입니다. 이 생명의 화관은 주께서 약속으로 주신 것입니다(12b). 신자의 인내 이전에 하나님의 약속이 먼저 있습니다. 생명의 화관은 노력의 결실도 아니고 승전의 전리품도 아닙니다. 아무리 수고하고 인내해도 주님이 상을 약속하지 않으셨다면 받을 것은 없습니다.

그러므로 신자가 시련을 참은 후에 받는 생명의 화관은 결국 하나님의 은혜입니다. 시련이 없으면 생명의 화관도 없습니다. 그러나 더 근본적으로는, 은혜가 없으면 생명의 화관도 없습니다. 하나님은 은혜로 신자의 인내에 생명의 화관을 주십니다. 하나님이 이 모든 것을 약속하셨습니다. 신자의 인내에 대한 하나님의 보상은 하나님의 은혜로운 약속에 근거합니다. 그러므로 우리는 하나님의 이 약속을 믿고, 당하는 모든 시련들을 기쁨으로(약 1:2) 끝까지 참아내야 할 줄로 믿습니다.

시험을 참는 자가 복 있는 자인 세 번째 이유는, 이 생명의 화관이 일시적인 것이 아니라 영원한 것이기 때문입니다. 신자가 시련을 참은 후에 마침내 얻게 되는 생명의 화관은 영원한 것입니다. 이 땅에 속한 아름다움은 잠시 잠깐이면 지나가고 스러지며 쇠하여집니다. 아무리 아름다운 꽃일지라도 해가 돋고 뜨거운 바람이 불어 풀을 말리면 꽃은 떨어지고 그 모양의 아름다움도(직역. 얼굴의 아름다움 또는 아름다운 얼굴) 없어집니다(약 1:11a). 그러나 이 화관은 생명의 화관입니다. 이 생명은 잠깐 보이다가 없어지는 안개와 같은 육신의 생명이 아니라(약 4:14) 영원한 생명입니다. 그러므로 우리는 영원한 승리의 화관을 소망함으로써 세상의 짧은 아름다움과 영광을 부러워하지 말고 오히려 당하는 고난과 시련을 기쁜 마음으로 인내하며 살아야 합니다.

시험을 참는 자가 복 있는 자인 마지막 이유는, 시험을 참는 것이 하나님을 사랑하는 것이기 때문입니다. 시험을 참는 자가 하나님이 약속하신 생명의 화관을 받습니다. 그런데 이 생명의 화관은 하나님이 하나님을 사랑하는 자들에게 주시기로 약속하신 것입니다. 그렇다면 시험을 참는 자는 곧 하나님을 사랑하는 자입니다.

여기에 놀라운 진리가 있습니다. 그것은 바로 하나님을 사랑하는 것은 시험을 참는 것으로 나타난다는 사실입니다. 사랑은 표현하는 것입니다. 하나님을 사랑하는 것도 생각이나 말이 아니라 시련을 참아내는 행위로 표현됩니다. 고난을 참는 것이 하나님을 사랑하는 것입니다. 우리 모두가 고난을 견딤으로써 하나님 사랑을 실천할 수 있기를 바랍니다.

하나님을 사랑하여 시련을 참는 우리는 영생의 화관을 받을 것을 확신합니다. 그러므로 우리는 땅에서 시련을 당하나 이미 영원한 생명을 살고 있습니다. 우리는 비록 땅에서 살지만 영원을 사는 사람들입니다. 우리는 영원에 속하여 잠시 동안 고난의 땅에서 살고 있습니다. 그러므로 우리는 순간의 것에 연연하지 않습니다. 우리는 잠깐 있다가 없어지는 것에 매이지 않습니다. 이렇게 사는 자가 참으로 복 있는 사람입니다.

유혹(13-15)

이어서 13절에서 야고보는 "사람이 시험을 받을 때에"라고 말씀함으로써 또다시 시험에 대한 교훈을 줍니다. 그러나 이 시험은 12절의 시험과는 전혀 다른 시험입니다. 12절의 시험은 믿음의 시련을 의미합니다. 이 시험을 참는 자는 하나님이 약속하신 생명의 화관을 받습니다. 하지만 13-15절의 시험은 꾀어서 죄를 짓도록 이끄는 유혹(미혹)을 의미합니다. 12절의 시험은 복을 가져오지만 13-15절의 시험은 죄를 짓고 사망에 이르게 합니다. 그러므로 이 둘은 전혀 다른 시험입니다. 야고보는 하나의 단어를 완전히 반대되는 두 가지 의미로 사용함으로써 우리에게 충격을 주고 있습니다. 그는 유혹에 대하여 크게 두 가지로 말씀합니다.

유혹과 하나님(13)

먼저 유혹과 하나님과의 관계입니다. 13절은 "사람이 시험을 받을 때에 내가 하나님께 시험을 받는다 하지 말지니 하나님은 악에게 시험을 받지도 아니하시고 친히 아무도 시험하지 아니하시느니라"라고 말씀합니다. 사람은 자신이 유혹에 빠졌을 때 그 책임을 하나님에게 돌리려고 합니다. 그러나 하나님은 유혹을 받지도 못하시고 유혹하지도 못하십니다. 하나님은 본질적으로 빛들의 아버지이시므로(약 1:17) 어둠이 조금도 없습니다. 그러므로 하나님은 유혹을 받지도 못하고 유혹하지도 못하십니다. 하나님은 죄와 무관하십니다. 사람은 단지 '악한 것들'(13b)에 의해 유혹을 받습니다. 따라서 그 누구도 "내가 하나님으로부터 유혹을 받는다"라고 말하면 안 됩니다(약 13a). 어떤 사람도 자신이 유혹에 빠진 것을 하나님의 탓으로 돌리거나 하나님께 책임을 전가할 수는 없습니다. 하나님은 어떤 유혹과도 관련이 없으며 그 누구의 유혹과도 무관하십니다.

유혹과 각 사람(14)

이어서 야고보는 유혹과 각 사람과의 관계에 대하여 말씀합니다. 13절은 "사람이 시험을 받을 때에 내가 하나님께 시험을 받는다 하지 말지니 하나님은 악에게 시험을 받지도 아니하시고 친히 아무도 시험하지 아니하시느니라"라는 세 번의 부정으로 되어 있습니다. 이어서 14절은 "그러나(오직) 각 사람이 시험을 받는 것은 자기 욕심에 끌려 미혹됨이니"라고 말씀합니다.

이렇게 함으로써 야고보는 유혹이 하나님과 전혀 관련이 없으며, 유혹은 단지 '각 사람'에게 원인이 있다는 점을 강조하고 있습니다. 14절의 '자기'라는 말도 유혹의 원인이 유혹받는 사람 자신에게 있다는 점을 분명히 합니다. 유혹은 하나님으로부터 오지 않습니다. 유혹은 하나님의 문제가 아니라 사람의 문제입니다.

그러면 유혹의 근본 원인은 무엇일까요? 그것은 바로 인간의 '욕망(욕심)'입니다(14a). 각 사람은 자신의 욕심에 의해 유혹받습니다. 인간의 욕망이 유혹으로 이끕니다. 인간의 욕심은 아무리 먹어도 배부른 줄 모릅니다. 그것은 만족할 줄 모르는 괴물과 같습니다. 인간의 욕망은 아무리 부어도 채워지지 않는 밑 빠진 항아리이며, 암만 내려가도 바닥에 닿을 수 없는 무저갱과 같습니다.

인간은 이와 같은 끝없는 욕심에 끌려 미혹됩니다(14). '끌려'는 끌려간다는 뜻이고 '미혹되다'(δελεάζω)는 미끼(δέλεαρ)에서 나온 말로 미끼에 꾀어냄을 당한다는 뜻입니다. 그래서 '끌려 미혹됨이니'라는 말은 미끼에 유인되어 끌려오는 것을 의미합니다. 이 표현은 사냥이나 낚시를 생각하면 금방 이해가 갑니다. 만족할 줄 모르는 인간의 욕망이, 채워지지 않는 인간의 욕심이 미끼라는 유혹물을 따라가다가 결국 유혹에 빠지고 맙니다. 문제는 욕심입니다. 욕심을 버리면 미끼(유혹물)를 따라가지 않게 되고 유혹에 넘어가지 않습니다.

유혹의 결과와 번식(15)

그러나 우리 안에 있는 결코 만족할 줄 모르는 욕망, 욕구, 욕심이 미끼에 홀려서 끌려가고(유혹받음) 결국 미끼를 덥석 물고 꽉 움켜 잡아 버립니다(유혹에 빠짐). 욕심에서 시작된 일이 마침내 튼튼한 올무에 묶이고 강한 낚싯바늘에 단단히 걸려 버렸습니다. 야고보는 이 모습을 이렇게 표현했습니다.

"욕심이 잉태한즉 죄를 낳고"(15a).

욕심으로 유혹에 빠지면 죄를 범하게 됩니다(15). 이처럼 유혹은 유혹에서 끝나지 않고 다음 단계로 진행합니다. 이 필연성을 강조하기 위해 야고보는 잉태와 출산의 비유를 들었습니다. 잉태한 사람이 출산하지 않는 경우를 보았습니까? 그런 일은 결코 있을 수 없습니다. 마찬가지로 욕심으로 유혹에 빠졌는데 범죄하지 않을 수 있겠습니까? 그럴 수 없습니다.

그러나 더욱 심각한 것은 범죄가 유혹에 빠진 자의 최종 결과가 아니라는 데 있습니다. 야고보는 욕심이 잉태하면 죄를 낳고, 죄가 장성하면 사망을 낳는다고 말씀합니다. 죄는 출생한 후에 꿈틀꿈틀 움직입니다. 죄는 살아 있는 생명체입니다. 죄는 살아서 거듭 죄를 지으며 성장해 갑니다. 작은 죄는 더 큰 죄로, 적은 죄는 더 많은 죄로 성장합니다. 죄는 멈추지 않고 계속해서 재생산합니다. 죄의 공장은 멈추지 않습니다. 이 공장은 정전도 없고 고장도 나지 않습니다. 그리고 죄는 충분히 성장했을 때 죽음을 낳습니다.

죄는 죄로 끝나지 않고 죽음을 출산합니다. 죄는 사망을 낳을 때까지 쉬지 않고 성장합니다. 죄의 끝에 죽음이 기다리고 있습니다. 죄의 절정에 사망이 자리하고 있습니다. 시험을 참으면 영생을 얻지만(약 1:12) 유혹에 빠지면 죽음에 이릅니다(약 1:15). 욕심이 잉태하여 죄를 낳고 죄는 충분히 자라서 죽음을 낳습니다. 욕망과 죄의 공통점은 출산한다는 점입니다. 출산은 번식입니다. 이 번식은 죽음에 이르기까지 계속됩니다.

그러므로 우리는 유혹에 넘어가지 않도록 욕심을 버려야 합니다. 욕심이 우리를 유혹으로 이끌지 못하도록 포기할 것은 포기하고, 내어 줄 것은 내어주고, 내려놓을 것은 내려놓는 믿음의 결단과 실행을 지속적으로 해야 합니다.

정답이냐 공감이냐

시험을 참는 자가 복이 있습니다. 신자의 복은 만사형통이 아니고 하나님이 주시는 시련을 잘 견디는 것입니다. 이렇게 시련을 참고 견디는 사람이 복 있는 사람입니다. 하지만 이 진리를 우리의 가정이나 교회 공동체에 적용하는 데에는 지혜가 필요합니다. 우리가 당하는 시험 중에는 참으로 견디기 어려운 시험들이 많습니다. 참아내기에 너무도 무거운 시련들이 많습니다.

이 때 우리에게 필요한 것은 이해와 공감입니다. 죽을 힘을 다해 고난을 버티고 있는 분들에게 우리가 해야 할 일은 정답을 알려 주는 것이 아니라 그들의 어려움을 이해하고 공감해 주는 것입니다. 시험을 인내하면 생명의 화관을 받을 것이기 때문에 시험을 참는 자가 복이 있습니다. 이것이 정답입니다. 하지만 고난으로 인해 힘들어하는 분들도 이 답을 잘 알고 있습니다. 지금까지는 몰랐더라도 이제는 답을 압니다.

문제는 이 답이 고난 당하는 이에게 아무런 힘이 되지 못할 때가 많다는 것입니다. 답이 틀렸기 때문도 아니요 모르기 때문도 아닙니다. 답을 잘 알지만 당하고 있는 시험이 너무 무거워 답이 힘이 되지 못할 때가 많습니다. 장차 생명의 화관을 받을 것을 알지만 현실은 너무나 무겁고 어렵습니다. 고난은 현실이고 답은 먼 미래입니다. 시련은 함께 있고 답은 너무도 멀리 있습니다.

어려운 일을 당해 힘들어하는 성도들이 많이 있습니다. 그분들이 답을 몰라서 힘들어하는 게 아닙니다. 답을 알지만 너무 힘드니까, 견디기 너무 고통스러우니까 정답 말하지 말고 그냥 내 편 좀 되어주고, 나 좀 이해해 주고 인정해 주고 알아주고 공감해 달라는 겁니다. 믿음이 없어서 힘들어 하는 것도 아닙니다. 믿음이 있지만 현실이 어려운 것도 사실입니다. 이것이 우리의 솔직한 모습입니다. 신자는 기계가 아닙니다. 우리는 인간입니다. 우리는 답을 입력시킨다고 해서 곧바로 그 답대로 모든 것이 움직여지는 기계가 아닙니다. 그래서 시련이 힘들고 아픈 겁니다.

그러므로 시험 중에 있는 성도들에게 자꾸 정답을 들이밀려고 하지 말고 분석하려고 하지 말고 그냥 이해하고 공감해 주십시오. 답은 목사가 대표로 알려드리면 됩니다. 그래서 욕도 원망도 목사가 받으면 충분합니다. 이렇게 공감해 주고 이해해 주면서 기도해 주다 보면 그토록 힘들어하던 분들이 어느새 답을 붙들고 시련을 이겨내는 모습을 발견하게 될 겁니다. 우리가 잘 나서 이렇게 되는 것이 아니라 하나님의 은혜가 거기에 있기 때문입니다. 하나님의 긍휼이 그를 포기하지 않고 붙들고 있기 때문입니다.

맺음말

시험과 유혹은 같은 단어로 표현되지만, 그 의미와 원인과 결과는 완전히 다릅니다. 그런데 자주 시험과 유혹이 하나의 사건에서 동시에 옵니다. 욥의 경우가 그렇습니다. 욥은 한순간에 자녀들을 모두 잃었고 재산도 다 사라졌습니다. 온몸은 종기로 뒤덮였고 아내는 저주하고 떠났으며 친구들은 그를 비난했습니다.

이렇게 된 원인은 두 가지입니다. 사탄은 이 일을 통해 욥이 하나님을 저주하고 범죄하기를 바랐습니다. 이것은 유혹이었습니다. 반대로 하나님은 욥이 이 모든 것을 견디고 이겨내서 정말 순금 같은 믿음의 사람이 되기를 바랐습니다. 이것은 시험이었습니다. 욥은 유혹에 넘어가지 않고 참고 견딤으로써 하나님의 시험을 마침내 통과하고 큰 복을 받았습니다(cf. 약 5:11).

우리도 마찬가지입니다. 물질로 어려움이 있을 때 어떤 사람은 이때가 하나님을 더욱 의지해야 하는 때로 알아 주께 엎드려 도우심과 인도하심을 구하며 참고 기다립니다. 고난을 영적 성장과 성숙을 위한 믿음의 시련으로 받습니다. 그러나 어떤 사람은 왜 하는 일마다 되는 게 없냐며 분노하고 이미 받은 것에 대해서는 생각하지 않고 더 가지지 못한 것 때문에 하나님을 원망하고 죄를 짓고 신앙에서 멀어집니다. 이것은 유혹입니다. 자신의 욕심 때문입니다.

자녀 문제도 마찬가지입니다. 자녀들이 부모의 마음에 흡족하지 못해도 그들의 일생을 하나님이 책임지신다는 믿음으로 참고 기다리며 하나님을 더욱 의지하는 기회로 만드는 사람이 있습니다. 하나님은 자녀를 통해 부모의 신앙 인격을 다듬어 가십니다. 자녀는 부모를 위해 하나님이 쓰시는 은혜의 방편입니다. 이렇게 보면 자녀는 부모의 신앙에 큰 유익이 됩니다.

하지만 어떤 부모는 자녀들의 부족함을 견디지 못합니다. 그래서 무시하는 말과 거친 말을 쏟아내며 큰 상처를 주고 부정적인 자아상을 심어 줄 뿐 아니라 하나님 '아버지'에 대한 매우 부정적인 인식을 하게 만듭니다. 자녀의 신앙은 부모에 의해 크게 영향을 받습니다. 이 모두가 욕심 때문입니다. 자녀가 잘되기를 바라는 부모의 기대가 욕심으로 바뀌면 유혹에 빠집니다.

교회도 이와 조금도 다르지 않습니다. 이 세상에 평안하고 좋기만 한 교회는 단 하나도 없습니다. 교회에는 병원과 같은 기능이 있습니다. 병원에는 환자가 있듯이 모든 교회에는 크고 작은 어려움들이 늘 있습니다. 그런데 이에 대한 반응도 역시 두 가지입니다. 어떤 교회는 어려움을 믿음의 연단을 위한 시험으로 받습니다. 그들은 이때에 마귀가 틈타지 못하도록 서로 돌아보고 기도하며 참고 이해하고 용납함으로써 온 교회가 하나 되어 더욱 온전한 교회로 성장하고 성숙하는 교회로 만듭니다.

그러나 어떤 교회는 어려움이 있을 때 "교회는 이래야 하는데 왜 그렇지 못하냐"라며 불평하고 원망하고 다투어 하나 됨을 깨트립니다. 물론 이런 말들이 상당 부분 맞는 말입니다. 그래서 잘 새겨듣고 따라가야 할 말입니다. 하지만 여기에는 놓치고 있는 중요한 사실이 있습니다. 이 땅에 있는 모든 사람과 모든 교회는 연약하고 부족합니다. 그래서 시간이 필요하고 기다림이 필요합니다. 인내해야 하고 참아내야 합니다. 시험과 연단의 과정으로 삼아야 합니다.

그런데도 이 과정을 견디지 못하고 당장 만족스럽지 못한 것에만 불평을 한다면 이것 또한 욕심입니다. 그래서 결국 유혹하는 시험에 걸려 넘어지고 맙니다. 그러므로 우리 모두는 내 입과 내 행실로 교회가 유혹에 빠져 하나님 앞에 죄를 짓는 일이 없어야 한다는 간절한 바람으로 참고 인내하며 교회를 진리 위에 세워가기 위한 수고를 많이 해야 합니다.

　우리 모두는 시험과 유혹을 분별할 줄 알아야 합니다. 시험은 견디되 유혹에는 빠지지 않도록 깨어 있어야 합니다. 이를 위해서 우리는 항상 이 질문을 해야 합니다. '이 일이 내 욕심 때문인가?' 그렇다면 그건 유혹이고 죄를 짓게 하는 것이므로 미련 없이 버려야 합니다. 그러나 그것이 아니라면 그것은 하나님의 시험이니 잘 견뎌야 합니다. 우리 모두가 이런 분별력을 가지고 시험은 잘 인내하고, 유혹은 욕심을 버리고 물리쳐 복 있는 성도가 되시고 승리하는 신자가 되시기를 축복합니다.

05 성내기도 더디하라

야고보서 1:19–21

개역개정 • ¹⁹ 내 사랑하는 형제들아 너희가 알지니 사람마다 듣기는 속히 하고 말하기는 더디 하며 성내기도 더디 하라 ²⁰ 사람이 성내는 것이 하나님의 의를 이루지 못함이라 ²¹ 그러므로 모든 더러운 것과 넘치는 악을 내버리고 너희 영혼을 능히 구원할 바 마음에 심어진 말씀을 온유함으로 받으라

사역 • ¹⁹ 너희는 알라. 나의 사랑하는 형제들아. 그러나 사람마다 듣기에 신속하라. 말하기에 더디어라. 분노하기에 더디어라. ²⁰ 왜냐하면 사람의 분노는 하나님의 의를 이루지 못하기 때문이다. ²¹ 그러므로 너희는 모든 더러움과 넘치는 악을 내어버리고 너희의 영혼을 구원할 수 있는 심겨진 말씀을 온유함으로 받으라.

사람들은 화를 냅니다. 예수님을 믿는 신자들도 화를 냅니다. 지난 한 주 동안 화를 내지 않고 사신 분은 아주 훌륭한 분입니다. 신자들은 가끔 자신이 낸 화를 거룩한 분노라고 말하기도 합니다. 이 말은 하나님의 마음으로 화를 냈다는 뜻입니다. 그러나 이것은 변명일 뿐입니다. 야고보는 "너희는 알라"('Ἴστε)라는 명령으로 19절을 시작합니다. 이어서 그는 무엇을 알아야 하는지를 말씀합니다. "사람마다 듣기는 속히 하고 말하기는 더디 하며 성내기도 더디 하라." 신자가 알아야 하는 것은 하나님, 예수 그리스도, 성령, 인간, 구

원, 교회, 종말 등 이런 것만이 아닙니다. 신자인 우리는 듣기와 말하기와 성내기에 대해서도 잘 알아야 합니다.

성내기를 더디 해야 하는 이유(20-21)

야고보는 먼저 "성내기도 더디 하라"(19d)고 말씀합니다. 성내는 것은 화내는 것, 분노입니다. 신자는 분노하는 데 더디어야 합니다. 그 이유는 20절에 있습니다. "왜냐하면(γάρ) 사람의 분노는 하나님의 의를 이루지 못하기 때문입니다." 사람의 분노가 하나님의 의를 이루지 못하는 이유는 무엇일까요?

사람에게 의로움이 없기 때문

가장 큰 이유는 사람이 의롭지 않다는 데 있습니다. 야고보는 야고보서 전체에서 사람이 어떤지에 대해 여러 가지로 말씀합니다. 사람은 욕심 때문에 쉽게 유혹에 빠지며(약 1:14) 사람을 차별하며 악한 생각으로 판단하며 가난한 자를 업신여깁니다(약 2:1-13). 사람은 말에 실수가 많으며(약 3:1-12) 마음속에 독한 시기와 다툼이 있고 진리를 거슬러 거짓말을 합니다(약 3:13-14). 사람은 싸우는 정욕이 있고, 두 마음을 품고 있습니다(약 4:1-10). 사람은 형제를 비방하며(약 4:11-12) 허탄한 자랑을 하며(약 4:13-17) 정당한 임금을 착취합니다(약 5:4). 사람은 사치하고 방종하며(약 5:5) 서로 원망하며(약 5:9-

11) 거짓 맹세 하며(약 5:12) 미혹되어 진리를 떠납니다(약 5:19). 무엇보다도 사람은 의인을 정죄하고 죽입니다(약 5:6).

이 모든 것이 야고보가 말하는 사람의 모습입니다. 사람은 단지 악하고 불의할 뿐입니다. 그런 사람에게서 어떻게 거룩하고 의로운 분노가 나올 수 있겠습니까. 사람은 불의하기에 그 안에서 나오는 모든 분노도 불의하여 하나님의 의를 행하지 못하고 이루지도 못합니다. 아무리 거룩하고 정당하게 여겨지는 분노일지라도 그것이 인간 안에서 나오는 한 불의한 것이며, 결국 하나님의 의를 성취하지 못합니다.

사람에게 의를 이루려는 성향이 없기 때문

또한 사람의 분노가 하나님의 의를 이루지 못하는 이유는 사람에게는 선천적으로 하나님의 의를 이루려는 성향이 없기 때문입니다. 사람은 가장 경건한 때에도 하나님의 일을 생각하기보다 자신의 일을 생각합니다(cf. 막 8:33). 사람은 하나님의 영광보다 자신의 영광을 더 생각합니다(요 12:43). 사람은 하나님의 뜻을 좇기보다 사람의 정욕을 좇아가기를 더 좋아합니다(cf. 벧전 4:2). 인간은 쉽게 세상과 벗이 됨으로써 하나님과 원수가 됩니다(약 4:4, cf. 롬 8:7). 한 마디로 인간은 전적으로 부패했으며, 본질상 진노의 자식입니다. 인간은 가장 정당하고 의로울 때조차도 악하고 불의합니다.

사람의 분노는 자신의 의를 드러내는 것이기 때문

나아가서 사람의 분노는 자신의 의를 드러내려는 것이기 때문에 하나님의 의를 이루지 못합니다. 사람은 가장 선할 때에도 자신을 향하여 있습니다(예. 바이킹의 경찰과 교사, 그들도 역시 바이킹이다.). 그래서 사람이 분노를 아무리 아름답게 포장해도 언제나 자기의 의로움을 드러내려는 것일 뿐입니다. 우리가 거룩한 분노니 의로운 분노니 하면서 아무리 좋은 말들을 가져다 붙여도 그것은 단지 자기의 의로움을 나타내고자 하는 것일 뿐, 하나님의 의는 드러내지 못합니다. 사람의 분노는 하나님의 의를 이루지도 못하고(οὐκ ἐργάζομαι) 이룰 수도 없습니다. 사람의 분노는 단지 자신의 의로움을 드러낼 뿐, 하나님의 의로움을 실행하지도 못하고 성취하지도 못합니다.

성내기를 더디 하라는 말의 진의

그렇다고 해도 성경이 분노를 완전히 금한 것은 아닌 듯합니다. 에베소서 4:26이 "분을 내어도 죄를 짓지 말며 해가 지도록 분을 품지 말라"라고 말씀하기 때문입니다. 하지만 인간이 불의한데 정말로 분을 내어도 죄를 짓지 않을 수 있을까요? 불의한 인간에게서 온전히 거룩한 분노가 나올 수 있을까요? 이것은 불가능합니다.

그러므로 이 말씀은 사람의 분노를 정당화하는 것이 아니라 오히려 분노하지 말라는 권면입니다. 타락한 인간이 죄와 무관하게 전적으로 의로운 분노를 낼 수는 없습니다. 따라서 성내기를 더디 하라는 말씀은 화를 천천히, 더디 내는 것은 괜찮다는 뜻이 아니라 더디 내려고 하다 보면 안 내게 된다는 의미로 보는 것이 옳으며, 분노를 금지한 것과 다르지 않습니다. 이는 예수께서 "일흔 번씩 일곱 번이라도 용서하라"(마 18:22)고 하신 말씀이 491번째부터는 용서하지 않아도 된다는 뜻이 아니라 완전한 용서를 하라는 말씀인 것과 같습니다.

하나님의 의를 이루기 위하여

여러분, 하나님의 의는 우리의 분노를 통해 이루어지지 않습니다. 우리의 분노는 우리의 의로움을 드러내려는 것일 뿐, 하나님의 의를 이루지 못합니다. 그러면 우리는 어떻게 해야 하나님의 의를 이룰 수 있을까요? 야고보는 "사람의 분노가 하나님의 의를 이루지 못함이라"라고 밝힌 뒤, '그러므로'라고 말함으로써 이에 대한 답을 주고 있습니다.

"그러므로 모든 더러운 것과 넘치는 악을 내버리고 너희 영혼을 능히 구원할 바 마음에 심어진 말씀을 온유함으로 받으라"(21).

야고보는 불의한 우리가 하나님의 의를 이룰 수 있는 두 가지 비결을 말씀합니다. 하나는 버리는 것이고 다른 하나는 받아들이는 것입니다. 그리고 이를 이루기 위한 태도는 온유함입니다.

내버릴 것(21a)

하나님의 의를 이루기 위해서는 먼저 내버려야 합니다(21a). '내버리다'(ἀποτιθέναι)라는 말은 문자적으로 옷을 벗는 것(take off, put off)을 의미하며, 상징적으로는 죄를 버린다는 뜻입니다. 우리가 하나님의 의를 이루기 위해서는 모든 더러움과 넘치는 악을 버려야 합니다.

'모든 더러운 것'이 더러움의 종류를 설명한다면, 넘치는 악은 악의 양을 나타냅니다. '더러움'은 나쁜 행실로 인한 불결함과 부정함을 의미하며, '넘치는 악'은 악이 넘쳐흐를 정도로 많다는 뜻입니다. 이것은 회심하기 이전은 물론이고, 회심한 후에도 지금까지 계속해서 우리 안에서 흘러나오는 악입니다. 예수를 믿고 신자가 된 후에도 이전의 구습에서 완전히 벗어나는 것은 아닙니다. 그래서 바울은 에베소 교회에게 유혹의 욕심을 따라 썩어져 가는 구습을 좇는 옛 사람을 벗어 버리라고 권면했습니다(엡 4:22).

그런데 사실 '모든 더러운 것'과 '넘치는 악'은 같은 말입니다. 더러운 것이 따로 있고 악한 것이 따로 있는 것이 아니라 더러운 것이 악한 것이며 악하기 때문에 더러운 것입니다. 야고보는 수신 교회의 신자들이 여전히 다양한 죄와 수없이 많은 악을 행하고 있다는 사실을 알고 그들에게 이 모든 것을 벗어 내버리라고 명령하고 있습니다.

신자가 하나님의 의를 이루는 비결은 분노가 아니라 모든 더러움과 범람하는 악을 제거하는 것입니다. 인간의 분노도 이 중에 포함됩니다. 그러므로 하나님의 의를 이루려는 사람은 분노를 그치고 예수님을 믿기 전에 행하던 옛사람의 구습과 유혹의 욕심을 따라 썩어져 가는 것들(엡 4:22)과 거짓을 행하는 것(엡 4:25)과 모든 무거운 것과 얽매이기 쉬운 죄들(히 12:1)을 내버려야 합니다.

받을 것(21b) – 영혼을 구원할 수 있는 말씀

이와 함께 하나님의 의를 이루기 위해서는 받아야 하는 것이 있습니다. 받는다는 말은 단단히 붙든다는 의미도 있습니다. 버림과 받음, 버림과 붙듦이 함께 있을 때 신자는 하나님의 의를 이룰 수 있습니다. 우리가 받고 붙들어야 하는 것은 '말씀'입니다(약 1:21b). 야고보는 이 말씀에 대하여 두 가지로 설명합니다.

첫째로, 이 말씀은 '심겨진'(ἔμφυτος, implanted) 말씀입니다. 이 말씀은 우리가 예수님을 믿고 구원받을 때 우리의 영혼에 심겨진 그 말씀입니다. 신자가 자신의 삶에서 하나님의 의를 드러내려면 예수를 믿을 때 심겨진 말씀을 꼭 붙들고 있어야 합니다. 성령의 역사로 영혼에 심겨진 복음의 말씀에 뿌리를 내려야 합니다.

둘째로, 이 말씀은 영혼을 능히 구원할 수 있는 말씀입니다. 왜냐하면 그것이 하나님의 말씀이기 때문입니다. 하나님은 입법자와 재판관이시며 능히 구원하기도 하시며 멸하기도 하시는 분입니다 (약 4:12). 하나님은 구원자요 심판자이십니다(약 5:9). 하나님의 말씀은 이러하신 하나님 자신이 내신 말씀입니다. 하나님이 구원하시는 분이므로 그분의 입에서 나오는 말씀도 구원하는 말씀입니다. 말씀의 능력은 그 말씀을 내신 하나님의 권능에서 나옵니다. 그러므로 하나님의 말씀은 능히 우리의 영혼을 구원하시며, 말씀을 통한 구원은 하나님처럼 능력 있고 하나님처럼 선하고 온전하며 변함이 없는 구원입니다(약 1:17). 우리는 이와 같은 하나님의 말씀을 받고 변함없이 붙들고 있을 때 하나님의 의를 이룰 수 있습니다.

그런데 하나님의 말씀을 받고 지키고 붙드는 기본 태도는 온유함입니다. 온유함은 분노(20)와 대조됩니다. 우리는 분노가 하나님의 의를 이루지 못한다는 사실을 기억하고 온유함으로 하나님의 말씀을 받고 붙들어야 합니다. 하나님의 말씀이 우리의 죄악과 더러움을 지적하고 버릴 것을 촉구할 때 우리는 분노하지 말고 온유함으로 받고 순종해야 합니다. 지혜 있는 자는 지혜의 '온유함으로' 그의 행함을 나타냅니다(약 3:13). 신자는 온유함으로 행하는 자입니다. 우리는 하나님의 말씀을 받을 때도 온유함으로 해야 합니다. 그리할 때 우리는 하나님의 의로우심을 이루는 신자가 됩니다.

맺음말

예수님께서 "너희는 먼저 그의 나라와 그의 의를 구하라"(마 6:33) 고 말씀하셨습니다. 우리가 항상 하나님의 의를 추구해야 합니다. 야고보는 사람이 성내는 것이 하나님의 의를 이루지 못한다고 말씀 했습니다. 이 말씀은 심지어 우리의 감정까지도 하나님의 의를 이루는 데 드려져야 한다는 말씀입니다. 우리의 지성과 의지뿐 아니라 감정까지도, 다시 말해 전 인격이 하나님의 의를 추구해야 합니다. 하지만 우리는 하나님의 의를 명분 삼아 도리어 화를 내는 경우가 자주 있습니다. 우리는 이때 이렇게 말합니다.

"하나님의 뜻이 이것이며, 이 뜻을 이루는 것이 하나님의 의로움인데, 그렇게 하지 않으니 화를 낼 수밖에 없다."

그러나 하나님의 의는 우리의 분노를 통해서 이루어지지 않습니다. 그러니 교회에서나 가정에서나 그 밖의 어떤 곳, 어떤 일에서도 하나님의 의를 위한다는 구실로 화를 내는 일은 없어야 합니다.

이런 현상은 개인 관계에서도 나타납니다. 사람들은 자신이 옳기 때문에 소리 지르고 화를 내도 정당하다고 생각합니다. 그러나 이 것은 잘못입니다. 옳은 것은 옳은 것일 뿐이고 틀린 것은 틀린 것일 뿐입니다. 옳기 때문에 화를 내도 괜찮다는 법은 세상 어디에도 없습니다. 옳음을 앞세워 화를 내는 것은 대부분 하나님의 의를 이루기 위해서가 아니라 '나는 옳고 너는 틀렸다'는 것을 증명하려는 것입니다. 그러므로 만일 내가 옳다면 더 점잖고 더 따뜻하고 더 배려하고 더 참고 인내해야 합니다. 그래야 참 신자답고 하나님의 의를 이루게 됩니다.

하나님의 의는 우리의 분노를 통해 이루어지지 않습니다. 우리에게는 의로움이 없으며, 본성적으로 하나님의 의를 이루고자 하는 성향도 없기 때문입니다. 우리는 자신의 의를 나타내려는 욕구가 커서 가장 의로울 때도 자신을 향해 휘어져 있을 뿐입니다. 이에 대하여 선지자 이사야는 이렇게 선언하셨습니다.

"무릇 우리는 다 부정한 자 같아서 우리의 의는 다 더러운 옷 같으며"(사 64:6).

우리는 다 부정한 자이며 우리의 의도 다 더러운 옷과 같이 부정할 뿐입니다. 우리의 의로움은 의로움이 아니요, 거기에서 나오는 분노도 결코 의롭지 않습니다. 하나님의 의는 우리의 분노를 의존하지 않으며, 그것을 통해 이루어지는 것도 아닙니다.

사람들은 자신의 분노를 하나님의 의를 이루기 위한 의로운 분노라고 정당화합니다. 그러나 성경은 단언합니다.

"사람이 성내는 것이 하나님의 의를 이루지 못함이라"

화를 내는 것이 하나님의 의를 이루지 못합니다. 우리의 옳음이 우리의 분노를 정당화하지 못합니다. 그런데도 의로움을 빌미삼아 화를 낸다면 그것은 하나님의 의를 구실로 화풀이를 하는 것일 뿐입니다. 화내는 것은 자신의 의를 드러낼지는 모르나 하나님의 의는 이루지 못합니다. 우리는 야고보서 3:18의 말씀을 마음에 새겨야 합니다.

"화평하게 하는 자들은 화평으로 심어 의의 열매를 거두느니라"

의로움은 분노의 열매가 아니라 평화의 열매입니다. 하나님의 의는 우리의 분노로 이루어지지 못하고 우리의 평으로 이루어집니다. 우리 자신과 우리 교회는 화평을 따르고 추구할 때 하나님의 의를 이룹니다. 우리 모두가 분노를 그치고 평화를 추구함으로써 하나님의 의를 이루는 복된 신자와 복된 교회가 되시기를 주님의 이름으로 축복합니다.

06 듣기와 말하기
야고보서 1:22-27

개역개정 • ²² 너희는 말씀을 행하는 자가 되고 듣기만 하여 자신을 속이는 자가 되지 말라 ²³ 누구든지 말씀을 듣고 행하지 아니하면 그는 거울로 자기의 생긴 얼굴을 보는 사람과 같아서 ²⁴ 제 자신을 보고 가서 그 모습이 어떠했는지를 곧 잊어버리거니와 ²⁵ 자유롭게 하는 온전한 율법을 들여다보고 있는 자는 듣고 잊어버리는 자가 아니요 실천하는 자니 이 사람은 그 행하는 일에 복을 받으리라 ²⁶ 누구든지 스스로 경건하다 생각하며 자기 혀를 재갈 물리지 아니하고 자기 마음을 속이면 이 사람의 경건은 헛것이라 ²⁷ 하나님 아버지 앞에서 정결하고 더러움이 없는 경건은 곧 고아와 과부를 그 환난 중에 돌보고 또 자기를 지켜 세속에 물들지 아니하는 그것이니라

사역 • ²² 그러므로 너희는 말씀을 행하는 자들이 되고 자신들을 속이는 듣기만 하는 자들이 되지 말라. ²³ 왜냐하면 만일 어떤 사람이 말씀을 듣는 자이나 행하는 자가 아니라면, 그는 거울로 그의 본래의 얼굴을 들여다보는 사람과 같기 때문이다. ²⁴ 왜냐하면 그는 자신을 보고 갔으나 그가 어떤 모양의 사람인지를 곧 잊어버렸기 때문이다. ²⁵ 그러나 자유롭게 하는 온전한 율법을 지속적으로 들여다보는 사람은 잘 잊어버리는 듣는 자가 아니라 행위를 하는 자이다. 이 사람은 그의 행위로 복이 있을 것이다. ²⁶ 만일 어떤 사람이 그의 혀를 재갈 물리지 않고 도리어 그의 마음을 속이면서 그가 경건하다고 생각한다면, 이 사람의 경건은 무익한 것이다. ²⁷ 하나님 곧 아버지 앞에서 정결하고 더러움이 없는 경건은 이것이니, 고아들과 과부들을 그들의 고난에서 돌보는 것이며 그 자신을 흠 없이 세상으로부터 지키는 것이다.

신자에게는 교회에서 드리는 예배뿐 아니라 듣고 말하고 감정을 나타내고 먹고 마시고 입고 일하고 사람을 만나는 것과 같은 일

상생활 자체가 믿음의 표현이요 신앙의 고백입니다. 로마서 12:1은 이것을 '영적 예배'라고 합니다. 영적이라는 말은 신비하다는 뜻이 아니라 성도의 일상의 삶, 다시 말해 매일의 삶을 가리킵니다. 성도의 삶은 그 자체가 영적입니다. 그래서 영적 예배라는 말도 교회에서 드리는 모든 공 예배를 포함하여 신자가 자신의 모든 삶으로 드리는 예배를 가리킵니다. 이것이 신자에게 합당하고 온당한 예배입니다.

그래서 영적이라는 말은 헬라어로 '합당하다', '온당하다', '논리적이다'라는 의미입니다. 생각과 말을 포함하여 신자의 모든 행위는 거룩하신 하나님께 드리는 영적 예배입니다. 이런 까닭에 야고보는 1:19에서 우리가 성내기와 듣기와 말하기에 대하여 '알아야' 한다고 말씀한 것입니다. 성내기에 대해서는 지난 장에서 살펴보았습니다. 이번 장에서는 듣기와 말하기에 대한 주님의 가르침을 받겠습니다.

듣기(22-25)

말씀을 듣고 행하는 자(22)

야고보는 "너희는 말씀을 행하는 자가 되고 듣기만 하여 자기를 속이는 자가 되지 말라"(22)고 말씀합니다. 여기에 두 가지 명령이 있습니다. 하나는 '돼라'는 명령이고 다른 하나는 '되지 말라'는 명령입니다. 야고보는 먼저 말씀을 행하는 자가 '돼라'고 명령합니다. 성도는 하나님의 말씀을 듣기만 하는 자가 아니라 그 말씀을 행하는 자여야 한다는 말씀입니다. 22절의 "말씀을 행하는 자"(ποιηταὶ λόγου)와 25절의 "행위를 실천하는 자"(ποιητὴς ἔργου)는 같은 말입니다. 즉 말씀을 행하는 자는 행위를 실천하는 자입니다. 따라서 말씀과 행위는 동의어입니다. 말씀은 단순히 개념이나 사상이 아니라 일이요 행위이며 활동입니다. 또한 하나님의 말씀은 자유롭게 하는 온전한 '율법'(25, cf. 약 2:12)입니다. 말씀은 율법입니다. 율법은 지키기 위해 있습니다. 여기에서 말씀의 실천적 성격이 다시 한번 강조됩니다.

이어서 야고보는 말씀을 듣기만 하는 자가 '되지 말라'고 명령합니다. 말씀을 행하지 않고 듣기만 하는 자는 자신을 속이는 사람입니다. 말씀을 듣는 것은 잘하는 일입니다. 하나님의 말씀을 아예 듣지 않는 것은 매우 심각한 문제입니다. 신자는 말씀을 듣는 데 열심을 내야 합니다. 성도는 녹음기나 컴퓨터 등을 이용하여 성경을 열심히 들어야 합니다. 특히 신자는 예배 시간에 설교를 통해 선포되는 하나님의 말씀을 열심히 들어야 합니다. 성도는 예배 때에 말씀에서 은혜를 받기 위해 마음을 집중해야 합니다. 말씀을 깨달으려는 의지적인 노력을 해야 합니다.

이뿐 아니라 성도는 하나님의 말씀을 '들여다보아야' 합니다(25). '들여다보다'(παρακύπτω)는 말은 무언가를 자세히 살펴보기 위해 몸을 굽히고 집중하여 관찰한다는 의미입니다. 우리는 허리를 굽히고 (겸손의 의미도 있다) 지속적으로(시간) 골똘히(마음) 하나님의 말씀을 들여다보아야 합니다. 하나님의 말씀은 대충 훑어보고 지나쳐 버릴 말씀이 아니라 몸을 굽혀 집중하여 들여다보고 살펴야 하며 지속적으로 머물러야(παραμένω) 하는 말씀입니다. 우리는 말씀을 들어야 합니다. 그러나 거기서 멈추면 안 됩니다. 우리는 오랫동안 몸을 굽혀 정밀하게 그리고 끊임없이 집중하여 말씀을 연구해야 합니다. 신자는 이처럼 고도의 집중력을 가지고 말씀에 착념하는 자여야 합니다. 말씀을 쉬지 않고 강도 높게 연구하는 자가 신자입니다. 우리는 말씀 앞에 오랫동안 머물러 있어야 합니다.

그러나 우리의 책임은 여기서 끝나지 않습니다. 말씀을 듣지 않고 들여다보지 않는 것도 문제이지만 그 말씀대로 행하지 않는 것은 더 큰 문제입니다. 이런 사람은 자기 자신을 속이는 자입니다. 신자는 거짓과 악에게(약 1:13) 속임을 당하지 말아야 하지만(약 1:16) 또한 자신을 속여서도 안 됩니다. 말씀을 듣고 들여다보는 것으로 말씀을 행하는 것을 대신할 수는 없습니다. 우리는 말씀을 행하는 자가 되어야 합니다.

이유(23-25)

야고보는 이렇게 해야 하는 이유(ὅτι)를 비유로 설명합니다. 만일 어떤 사람이 말씀을 들으나 행하지 않는다면, 그는 거울로 자신의 본래의 얼굴을 들여다보는 사람과 같습니다. 그는 거울로 자신의 얼굴을 들여다보고도 돌아가서는 자기가 어떻게 생겼는지를 금방 잊어버립니다. 그는 자기의 얼굴조차 기억하지 못하는 사람입니다. 말씀을 들으나 행하지 않는 사람이 바로 이와 같습니다. 말씀을 듣기만 하는 자의 가장 큰 잘못은 들은 말씀을 잊어버리는 것이요 그래서 실천하지 않는 것입니다.

그러나 이와 반대되는 사람이 있습니다. 그래서 야고보는 25절을 '그러나'(δέ)로 시작합니다. 그 사람은 듣고 잊어버리는 자가 아니라 행위로 실천하는 자입니다. 그는 율법의 내용을 듣고 잊어버리는 자가 아니라 듣고 행동으로 옮기는 자입니다. 그는 자기 '행위로' 복이 있을 것입니다. 이 말은 복을 받게 되는 수단을 의미합니다. 신자는 실천하는 행위를 통해 복을 받습니다. 또한 이 말은 '행위 안에서'라는 표현이며, 복을 받을 수 있는 제한과 범위를 의미합니다. 행위를 벗어나면 복은 없습니다. 듣기는 하지만 행위가 없다면 복도 없습니다.

복이 있는 사람이 누구인가요? 그는 말씀을 듣기만 하는 사람, 다시 말해 듣고 잊어버리는 자가 아니라 듣고 실천하는 사람입니다. 우리 모두가 말씀을 듣고 연구할 뿐 아니라 그 말씀을 실천함으로써 하나님으로부터 복 받는 성도들이 되시기를 바랍니다.

말하기(26-27)

이어 26-27절에서 야고보는 말하기에 대하여 교훈합니다. 그는

19절에서 이미 "말하기는 더디 하라"라고 명령했습니다. 왜 우리는 말하기를 더디 해야 할까요?

혀를 재갈 물리지 않는 자(26)

"누구든지 스스로 경건하다 생각하며 자기 혀를 재갈 물리지 아니하고 자기 마음을 속이면 이 사람의 경건은 헛것이라"(26).

이 말씀도 비유입니다. 사람들은 말(horse)을 자기가 원하는 곳으로 이끌기 위해 입에 재갈을 물리고 고삐를 걸어 통제합니다. 마찬가지로 신자도 자신의 혀에 재갈을 물리고 고삐로 묶어 통제해야 합니다. 만일 그렇게 하지 않으면서도 경건하다고 생각한다면, 이 사람의 경건은 헛것입니다.

결국 신자의 말은 경건(θρησκεῖα, religion, worship)의 문제입니다. 여기에 사용된 '경건'은 종교라는 의미도 있고 특히 예배를 가리킵니다(행 26:5; 골 2:18). '신자의 언어는 예배다'라는 뜻입니다. 사람들은 말이 경건이나 예배와 아무런 관련이 없다고 생각하기 쉽습니다. 그러나 신자의 말은 단순히 공기를 통해 퍼지는 물리적인 현상이 아니라 경건의 문제이며 하나님을 예배하는 일입니다. 이 사실은 '헛것'이라는 말에서도 잘 드러납니다(26). 왜냐하면 '헛것'이라는 말이 예레미야의 우상 숭배에 대한 심판을 암시하기 때문입니다.

"너희 조상들이 내게서 무슨 불의함을 보았기에 나를 멀리하고 가서 "헛된 것"을 따라 "헛되이" 행하였느냐"(렘 2:5).

"그들이 어찌하여 그 조각한 신상과 이방의 "헛된 것"들로 나를 격노하게 하였는고"(8:19, cf. 10:15; 51:18).

이처럼 신자의 잘못된 언어생활은 우상숭배의 죄와 관련되며, 그것은 곧 경건의 문제요 예배의 문제입니다.

사도 바울도 신자의 말이 하나님과 관련되어 있다는 것을 분명히 했습니다. 성령충만한 사람은 시와 찬미와 신령한 노래로 서로 화답합니다(엡 5:19). '화답하다'는 '말하다'라는 뜻의 단어입니다. 그러므로 신자의 말은 성령충만의 문제이며 영적인 문제이며 예배의 문제이며 결국 하나님과 관련된 경건의 문제입니다. 우리는 말하기에 매우 신중해야 하고 말에 하나님을 경외함이 배어 있어야 합니다. 우리는 하나님께 예배하듯이 말해야 합니다.

그러면 우리는 어떻게 해야 우리의 혀에 재갈을 물릴 수 있을까요? 우리는 어떻게 해야 말을 통제하여 참된 경건을 유지할 수 있을까요? 우리는 진짜로 입에 재갈을 물리고 고삐로 묶어서 다닐 수는 없습니다. 야고보는 19절에서 그 비결을 말씀합니다.

"말하기는 더디 하며"

이것은 말을 늘어지게 하거나 느릿느릿하게 하라는 의미가 아니라, 말을 하기 전에 오래 생각하라는 뜻입니다. 조급한 마음으로 말을 빨리 쏟아내다 보면 반드시 실수합니다. 급하게 하는 말은 제어가 되지 않기 때문입니다. 그러므로 말하는 데 빠르지 말고 더디어야 합니다. 혀를 제어하는 것은 급한 마음을 진정시키고 생각하고 또 생각하고, 미루고 또 미루어 유익하다고 생각되는 말만 하는 것입니다. 말은 신자의 경건의 문제이므로 급한 말로 경건을 무너뜨리지 않도록 조심해야 합니다.

정결하고 더러움이 없는 경건(27)

그런데 야고보는 말의 문제를 다루다가 갑자기 27절에서 '정결하고 더러움이 없는 경건'에 대하여 말씀합니다. 정결하고 더러움이 없는 경건은 고아와 과부들을 그들의 환난 안에서 돌보는 것입니다(27b). 신자의 경건은 기도하고 말씀을 읽는 것만이 아니라 고통과 아픔 속에 있는 고아와 과부들을 돌보는 것입니다.

여기서 고아와 과부를 콕 집어서 말씀한 것은 그들만 돌보면 된다는 뜻이 아니고 이들이 성경이 말씀하는 대표적인 약자들이기 때문입니다(고아, 과부, 나그네). 정결하고 더러움이 없는 경건은 약한 자들을 찾아가 그들의 아픔과 고통을 살피고 그들의 필요를 채워 주는 것입니다. 야고보는 이 경건을 '하나님 곧 아버지 앞에서'($\pi\alpha\rho\grave{\alpha}$ $\tau\tilde{\omega}$ $\theta\epsilon\tilde{\omega}$ $\varkappa\alpha\grave{\iota}$ $\pi\alpha\tau\rho\acute{\iota}$) 평가하라고 권면합니다. 신자의 경건에서 가장 중요한 것은 그 경건이 누구 앞에서 평가되느냐 하는 것입니다. 신자의 경건은 '하나님 곧 아버지 앞에서(판단에서)' 평가됩니다(27a).

하나님 아버지는 구하는 자에게 후히 주시고 꾸짖지 아니하시며 (약 1:5), 은혜를 베푸시는 분입니다(약 4:6). 하나님 아버지는 온갖 좋은 은사와 온전한 선물들을 주시며(약 1:17), 가장 자비하시고 긍휼히 여기시는 분이십니다(약 5:11). 신자의 경건은 바로 이러한 '하나님 아버지' 앞에서 행하는 경건입니다. 따라서 신자의 경건은 하나님 아버지의 성품을 이루고 표현하는 것입니다. 신자의 경건은 하나님을 닮는 것이요 하나님의 성품을 실천하는 것입니다. 신자가 약한 자들을 그들의 환난 안에서 돌보는 것은 세상의 인본주의적인 선행이나 윤리·도덕과는 본질적으로 다른 것입니다.

이렇게 고아와 과부를 돌아볼 때 정말 중요한 것은 '그들의 환난 안에서'(ἐν τῇ θλίψει αὐτῶν) 그들을 돕는 것입니다. '환난 중에 돌보고'라는 말은 환난 '안에서' 돌보라는 말입니다. 이 말은 일차적으로 기간을 나타내어 환난을 받는 동안 내내 돌보라는 뜻입니다. 하지만이 말씀에서 가장 중요한 것은 약자를 돌보는 태도와 자세입니다. 약자를 돌볼 때, 그들의 '고난 안에' 들어가 그들과 같은 마음을 가지고 그들의 아픔과 고통에 참여하지는 않고 오직 그들의 '고난 밖에서' 혀에 재갈을 물리지 않은 채 이런저런 말만 한다면 이것은 헛된 경건이요 더러운 경건입니다.

신자는 두 마음을 품은 자가 아닙니다(약 1:8; 4:8). 말로는 환난

당한 자들을 동정하는 척하면서 실제로 그들의 아픔 속에 들어가지 못한다면 이것은 정결하고 더러움이 없는 경건이 아닙니다. 신자의 경건은 삶뿐 아니라 말에서도 나타나야 합니다. 야고보가 고아와 과부를 그들의 고난 가운데서 돌보는 신자의 경건을 '혀'의 문제, 즉 말에 관한 문맥에서 다루는 이유가 바로 여기에 있습니다. 어려움을 당한 이들의 고통 안에 들어가 그들에게 실제로 힘이 되는 대신에 말로만 "힘내라, 괜찮을 거야"라고 하는 것은 헛된 '경건'입니다(약 1:26b).

또한 정결하고 더러움이 없는 경건은 자신을 세상으로부터 흠 없이 지키는 것입니다(27c). 신자는 이미 그리스도의 피로 정결케 된 자입니다. 그러므로 신자는 자신의 거룩함이 세상에 의해 더럽혀지지 않도록 지키고 보존해야 합니다. 신자는 세상에 살지만, 세상과 벗이 되면 안 됩니다. 교회와 신자의 세속화는 하나님과 원수 되는 것입니다. 세상과 벗이 되면 하나님과 원수가 됩니다(약 4:4). 특히 신자는 자기의 말이 세속화되지 않도록 세상으로부터 자신의 말을 흠 없이 지켜야 합니다.

문맥상 지금 다루어지는 경건의 문제는 '혀'의 문제, 즉 말의 문제와 관련됩니다. 작은 불씨 하나가 온 산을 다 태우듯이 작은 혀가 온몸을 더럽힙니다(약 3:5b). 말이 세속화되면 전 인격이 세속화됩니다. 신자의 세속화는 여러 가지로 나타납니다. 그중에 아주 무서운 것이 말의 세속화, 언어의 세속화입니다. 신자의 경건은 언어에서도 나타나야 합니다. 성도의 말은 경건의 문제요 예배의 문제입니다. 그러므로 우리 모두는 입에 재갈을 물리고 고삐를 단단히 붙들어 매어 절대로 조급하게 말하지 않고 거룩한 말을 하도록 마음을 잘 다스려야 합니다(25b).

맺음말

우리는 듣기는 속히 하고 말하기는 더디 하며 성내기도 더디 해야 합니다. 성내는 것이 하나님의 의를 이루지 못합니다. 분노는 멈추어야 합니다. 또한 우리는 하나님의 말씀을 듣고 연구하는 일에 열심을 내야 합니다. 그렇지 않으면 자기 소견에 옳은 대로 행하여 사사시대가 되고 맙니다. 하지만 무엇보다 중요한 것은 실천입니다. 하나님의 말씀을 들었으면 반드시 실행해야 합니다. 하나님의 말씀을 듣지 않는 자나 연구하지 않는 자도 문제이지만, 듣고도 행하지 않는 자는 더 큰 문제입니다.

신자의 경건은 하나님 곧 아버지 앞에서 정결하고 더러움이 없는 것이어야 합니다. 이를 위해 우리는 혀에 재갈을 물려야 합니다. 신자의 경건은 말에서도 나타나야 합니다. 아픈 이들의 고통 속으로 들어가 돌보지는 않으면서 말로만 위로하는 것은 헛된 경건입니다. 신자는 말과 경건에서도 하나님의 성품을 표현해야 합니다.

마귀는 신자의 혀를 공격합니다. 언어생활이 세속화되면 온몸과 전 인격이 세속화됩니다. 이것은 세상으로부터 자신을 지키지 못한 결과입니다. 우리 모두가 혀를 제어하고 세상으로부터 말을 지키는 경건한 신자가 되시기를 바랍니다. (일꾼을 뽑아 세울 때 자동차 블랙박스를 열어봐야)

신자의 말은 신자의 경건을 나타냅니다. 우리의 말은 경건의 문제입니다. 우리의 말은 하나님께 드리는 예배입니다. 신자의 말은 단지 물리적인 것이 아니라 참으로 영적인 것입니다. 신자의 말은 신앙의 표현이요 경건을 측정하는 표준입니다. 따라서 말이 잘못되었다면 하나님과의 관계가 잘못된 것입니다. 만일 우리의 언어생활이 경건하지 않다면 우리는 하나님과의 관계를 점검해야 합니다.

우리 모두가 말씀을 듣는 데 열심을 내며, 들은 말씀을 실행하기에 힘쓰시기를 바랍니다. 또한 우리 모두가 혀를 잘 다스려서 하나님 앞에 정결하고 더러움이 없으며 세속에 물들지 않는 경건한 신자가 되시기를 바랍니다.

07 차별하지 말라
야고보서 2:1-4

개역개정 • ¹ 내 형제들아 영광의 주 곧 우리 주 예수 그리스도에 대한 믿음을
너희가 가졌으니 사람을 차별하여 대하지 말라 ² 만일 너희 회당에 금 가락지를
끼고 아름다운 옷을 입은 사람이 들어오고 또 남루한 옷을 입은 가난한 사람이
들어올 때에 ³ 너희가 아름다운 옷을 입은 자를 눈여겨 보고 말하되 여기 좋은
자리에 앉으소서 하고 또 가난한 자에게 말하되 너는 거기 서 있든지 내 발등상
아래에 앉으라 하면 ⁴ 너희끼리 서로 차별하며 악한 생각으로 판단하는 자가 되
는 것이 아니냐.

사역 • ¹ 나의 형제들아, 너희는 우리의 영광의 주 예수 그리스도의 믿음을 외모
로 취하는 것들과 함께 가지지 말라. ² 왜냐하면 만일 화려한 옷을 입고 금반지
를 낀 사람이 너희의 모임에 들어온다면, 그러나 또한 더러운 옷을 입은 가난한
사람이 들어온다면 ³ 너희가 그 화려한 옷을 입은 사람을 주의해서 보고 "당신
은 여기 좋은 곳에 앉으라"라고 말한다면, 그러나 그 가난한 자에게 "당신은 거
기에 서 있든지 또는 나의 발판 아래에 앉으라"라고 말한다면, ⁴ 너희들 안에서
나누어지는 것이 아니며 또한 너희가 악한 생각들의 판단자들이 되는 것이 아
니냐?

야고보서는 읽으면 읽을수록 교회와 신자의 상황 속에 들어와
함께 살며 자세히 취재한 기록물(documentary)처럼 느껴집니다. 어쩌
면 이토록 교회와 신자의 형편에 대해 정확하게 알고 말씀하시는지
놀라지 않을 수 없습니다. 참으로 성경은 하늘의 말씀이면서 동시
에 땅에 대한 말씀입니다. 이번 장의 본문도 마찬가지입니다.

차별 금지(1)

본문 1절에 보면 "사람을 차별하여 대하지 말라"고 말씀합니다. '차별'(προσωπολημψία)이라는 말은 '얼굴'(πρόσωπον)이라는 말과 '취하다, 붙들다, 받다, 영접하다'(λαμβάνειν)라는 말의 합성어입니다. 그러니까 차별하여 대한다는 말은 얼굴을 취한다는 말이며 사람을 외모로, 보이는 것으로 취한다는 뜻입니다. 이것을 정확하게 표현한 곳이 갈라디아서 2:6입니다.

> "하나님은 사람을 외모로 취하지 아니하시나니
>
> (πρόσωπον [ὁ] θεὸς ἀνθρώπου οὐ λαμβάνει)"

이처럼 차별은 사람을 얼굴이나 외모로 취하는 것이며, 이는 하나님의 뜻에 정면으로 충돌하는 일입니다. 그런데도 사람을 외모로 취하는 차별은 우리 사회에 만연해 있습니다. 입사시험에서 얼굴이 차지하는 점수가 상당히 높다고들 합니다. 그래서 '외모도 실력이다'라는 말이 생겨날 정도입니다. 여러분, 이 말을 들었을 때 마음이 불편하거나 억울하지 않으세요? 왜 외모가 실력인가요? 이것은 저만의 안타까움이요 저만의 분노입니까? 여러분은 마치 '나는 아니다'라는 표정이신데, 정말 그렇습니까?

성경은 사람을 외모로 취하는 일을 엄히 금하십니다. 여러분, 9

절을 같이 읽겠습니다.

"만일 너희가 사람을 차별하여 대하면 죄를 짓는 것이니 율법이 너희를 범법자로 정죄하리라"

사람을 차별하면, 다시 말해 사람을 외모로 취하면 죄를 짓는 것입니다. 하나님은 유대인이든 헬라인이든 사람을 외모로 취하지 않으십니다(롬 2:11). 하나님에게는 사람을 외모로 취하는 일이 없습니다(엡 6:9; 골 3:25). 하나님은 사람의 외모를 보지 아니하시고 각 나라 중 하나님을 경외하며 의를 행하는 사람은 다 받으십니다(행 10:34-35).

수신 교회가 행한 차별(2-3)

그런데도 야고보가 편지하는 수신 교회에서는 사람을 외모로 취하는 차별이 행해지고 있었습니다. 예수님이 승천하시고 성령이 오심으로 신약 교회가 시작되었습니다. 그 일이 있은 후에 채 한 세기도 지나지 않았는데 이미 교회는 차별과 편애로 고통하고 있었습니다. 야고보는 2절에서 이렇게 말씀합니다.

"만일 너희 회당에 금가락지를 끼고 아름다운 옷을 입은 사람이 들어오고 또 남루한 옷을 입은 가난한 사람이 들어올 때에"(2).

화려한 옷을 입고 금반지를 낀 사람은 부자이고 더러운 옷을 입은 자는 가난한 자입니다(2. 3). 화려한 옷을 입고 금반지를 낀 부자가 신자들의 모임(συναγωγή)에 들어오고 또한 더러운 옷을 입은 가난한 사람도 그 모임에 들어옵니다. 이때 사람들은 각각 다른 말로 그들을 맞이합니다(3). 그들은 화려한 옷을 입은 부자를 주의해서 보고(눈여겨보고) 이렇게 말합니다.

"당신은 여기 좋은 자리에 앉으십시오"(3b).

하지만 가난한 자에게는 이렇게 말합니다.

"당신은 거기에 서 있든지 아니면 내 발판(footstool) 아래에 앉으시오"(3d).

발판 아래 앉으라는 말은 발아래에 앉으라는 뜻이며, 이는 성경에서 낮고 천한 자리를 나타냅니다. 그러니 이 말은 가난한 자를 천대하고 홀대하며 멸시하는 말입니다.

하나님의 성품을 닮아 거룩해야만 하는 신자들의 모임에서조차 사람을 외모로 취하는 죄를 짓고 있었습니다. 그들은 교회에서 사람의 겉모양으로, 입은 옷으로, 눈에 보이는 것으로, 부자냐 가난한 자냐 하는 것으로 사람을 차별했습니다. 만일 우리가 교회에서 가난하다는 이유로 멸시받고 차별을 당한다면 심정이 어떻겠습니까? 신자와 교회는 사람을 외모로 취하여 차별하면 절대로 안 됩니다.

차별 금지의 근거 - 예수의 신분과 성품(1)

우리가 사람을 차별하지 말아야 하는 이유는 세상 윤리 때문이 아니라 예수 그리스도 때문입니다. 야고보가 이번 장 본문에서 말씀하려는 핵심이 바로 이것입니다. 그는 1절에서 "영광의 주 곧 우리 주 예수 그리스도에 대한 믿음을 너희가 가졌으니 사람을 차별하여 대하지 말라"고 명령합니다. 이 말을 직역하면 "너희는 우리의 영광의 주 예수 그리스도에 대한 믿음을 외모로 취하는 것들과 함께 가지지 말라"입니다.

우리가 가진 믿음은 영광의 주이신 예수 그리스도를(τοῦ κυρίου Ἰησοῦ Χριστοῦ τῆς δόξης) 믿는 믿음입니다. 우리는 이 믿음을 '외모로 취하는 것들과 함께' 가지면 안 됩니다. 영광의 주이신 예수 그리스도를 믿는 믿음과 사람을 외모로 취하는 것은 서로 화합할 수 없습니다. 예수님을 구주로 믿는 믿음은 사람을 차별하는 행위와 함께할 수 없습니다. 왜냐하면 사람을 외모로 취하는 차별 대우는 우리가 믿는 예수님의 신분과 성품에 전혀 어울리지 않기 때문입니다.

첫째로 예수님은 주님이시기 때문에(1) 우리는 사람을 차별하면 안 됩니다. '주 곧 우리 주'(1). 야고보서에 따르면, 주님은 모든 좋은 것을 주시며(약 1:7, 12, 17; 5:18), 사람을 높이기도 하시고(약 4:10) 살리기도 하십니다(약 4:15). 그래서 부한 자도 주님의 뜻이면 풀의 꽃과 같이 지나가고 한순간에 쇠잔해집니다(약 1:10-11). 주님은 가난한 자들에게도 은혜를 베푸시고 그들을 높이시며 그들에게 영원한 것을 주십니다. 그러므로 우리는 가난한 사람이라고 해서 차별하면 안 됩니다.

또한 주님만이 사람을 판단할 권한을 가지고 있습니다. 판단하시는 분은 오직 한 분 예수님밖에 없습니다. 가난한 자나 부한 자나 이들 모두의 주인은 오직 예수 그리스도이시기 때문입니다. 따라서 우리는 다른 사람을 판단하여 차별할 권한이 없습니다.

"너는 누구이기에 이웃을 판단하느냐"(약 4:12).

주님은 억울한 자의 부르짖는 소리를 들으시며(약 5:4) 다시 오셔서(약 5:7, 8) 심판하십니다(약 5:9). 판단하시는 분은 오직 예수 그리스도이십니다. 그러므로 우리는 사람을 외모로 판단하여 업신여기거나 억압하거나 억울하게 해서는 절대로 안 됩니다. 주님은 이렇게 행하는 자들을 반드시 심판하실 것입니다. 신자인 우리가 사람을 차별하지 않는 것은 세상의 윤리·도덕 때문이 아니라 우리가 믿는 예수님이 주님이시기 때문입니다. 따라서 차별을 금하는 신자의 윤리는 예수님의 신분에 뿌리를 두고 있습니다. 우리의 윤리는 기독론에 바탕을 둔 윤리입니다.

둘째로, 예수님은 주님이시되, '우리의'(ἡμῶν) 주님이시기 때문에 우리는 사람을 차별하면 안 됩니다. '우리 주'(1). 야고보는 예수님을 '나의' 주가 아닌 '우리의' 주님이라고 말합니다. 이것은 야고보와 수신 교회의 신자 모두가 한 분 예수님을 주로 모시고 한 몸을 이룬 지체라는 뜻입니다. 그러므로 교회에서 다른 사람을 차별하는 것은 주님의 몸을 해치는 범죄행위입니다. 눈이 귀를 차별하거나 손이 발을 차별하면 몸이 온전할 수 없습니다. 마찬가지로 우리가 서로 지체이므로 서로 차별하면 몸인 교회가 건강하게 온전히 서지 못합니다. 우리는 당장 차별을 멈추어야 합니다. 이것은 교회론에 근거한 차별 금지입니다. 신자의 차별 금지는 세상 윤리가 아니라 교회론에 바탕을 둔 기독교 윤리입니다.

셋째로, 예수님이 그리스도이시기 때문에 우리는 사람에 대한 차별을 멈추어야 합니다. '주 예수 그리스도'(1). 예수님은 그리스도이십니다. 예수님이 메시아요 구원자이십니다. 예수께서 행하시는 구원은 사람의 외모나 소유에 근거하지 않습니다. 하나님은 가난한 자를 차별하지 않고 선택하셨습니다.

"하나님이 세상에서 가난한 자를 택하사"(약 2:5).

예수님은 가난한 자라도 차별하지 않고 선택하시고 구원하십니다. 하나님의 의는 예수 그리스도를 믿음으로 말미암아 모든 믿는 자에게 미치는 하나님의 의이며, 차별이 없습니다(롬 3:22). 여기에는 유대인이나 헬라인이나 차별이 없습니다(롬 10:12). 그러므로 예수님을 구주로 믿어 구원받은 우리도 사람을 차별하면 안 됩니다. 이것은 구원론에 근거한 차별 금지입니다. 신자의 차별 금지는 세상 윤리가 아니라 예수님의 구원에 기초한 기독교의 구원 윤리입니다.

넷째로, 예수님은 영광의 주님이시기 때문에 우리는 사람을 차별하지 않아야 합니다. '영광의 주'(1). 주님은 영광스러운 신적 성품을 소유하신 분입니다. 이 영광스러움은 사람을 차별하지 않는 데서 잘 드러납니다. 우리는 이처럼 영광스러운 예수님을 믿는 사람들입니다. 그러므로 우리는 우리의 삶과 인격과 성품에서 영광스러운 신적 성품의 광채를 발산해야 합니다. 우리는 사람을 외모로 취하지 않는 예수님의 영광스러운 신적 성품을 따라 사람을 차별하지 않아야 합니다. 이것은 예수님의 성품에 근거한 차별 금지입니다. 신자와 교회의 차별 금지 역시 세상 윤리를 따른 것이 아니라 예수님의 성품에 기반을 둔 기독교 윤리입니다.

결국 교회에는 사람을 외모로 취하는 차별이 없어야 합니다. 그 근본 이유는 우리가 예수 그리스도를 믿기 때문입니다. 예수님은 모든 사람의 주이시며, 차별하지 않고 구원하시는 그리스도이시며, 사람을 차별하지 않는 영광스러운 분입니다. 우리는 예수님의 이러한 신분과 성품 때문에 사람을 차별하면 안 됩니다.

차별의 결과(4)

이제 야고보는 4절에서 사람을 외모로 취한 차별의 결과가 무엇인지를 말합니다.

"너희가 너희들 안에서 나누어지는 것이 아니며 또한 너희가 악한 생각들의 판단자들이 되는 것이 아니냐?"

이 질문은 이미 "예"라는 긍정의 답을 전제로 한 질문이며, 몰라서 묻는 질문이 아니라 강조를 위해 명백한 사실을 재차 확인하는 질문입니다. 만일 우리가 사람을 차별하면 서로 분열하게 되고 악한 생각을 가진 판단자가 됩니다. 사람을 외모로 취하는 차별은, 특히 가난한 자를 차별하고 멸시하고 무시하는 일은 교회의 하나 됨을 깨뜨려 분열을 일으킵니다. 이 사람은 주님의 주권과 판단을 무시하는 심판자가 되며, 자신이 주님의 영광스러운 성품을 가진 자가 아니라 악한 생각을 가진 자라는 사실을 드러낼 뿐입니다.

적용

담임 목회를 오랫동안 하고 신학교 교수로도 긴 시간 사역하고 있는 어떤 목사님이 새 신자 등록카드에 기록하면 안 되는 세 가지 항목이 있다고 했습니다. 다시 말해 새로 오신 분에게 물어보면 절대로 안 되는 세 가지가 있답니다. 3불문(不問)이지요. 여러분, 한번 생각해 보시기 바랍니다. 어떤 것이 있을까요?

첫째는, 어느 학교 출신인지를 묻지 말아야 합니다. 이것은 학벌을 묻지 말라는 말입니다. 우리는 소위 좋은 학교를 나왔거나 학벌이 높은 사람을 한 번 더 생각하는 차별을 범합니다. 그러나 교회는 학벌로 사람을 차별하면 안 됩니다. 그리스도이신 예수님은 우리를 학벌로 구원하시지 않았기 때문입니다(cf. 고전 1:26-29). 이와 관련하여 특히 우리가 주의해야 할 일이 있습니다. 못나서가 아니라 이런저런 안타까운 형편 때문에 공부하고 싶어도 하지 못한 분들이 우리나라에도 많이 있습니다. 이런 형편은 죄도 아니요, 그분들의 잘못도 아닙니다. 그런데도 그분들에게는 배움이 짧은 것이 죄보다 더 큰 아픔이 되어 언제나 감추고 싶은 부끄러움이 되어 있습니다. 그러므로 학력을 물어보면 안 됩니다.

둘째는, 고향을 묻지 말아야 합니다. 우리나라 사람들의 일반적인 정서는 고향이 같으면 마음을 활짝 열고 자기편으로 맞아들입니다. 고향이 같으면 묻지도 따지지도 않고 그냥 한 편이 됩니다. 이거야말로 참으로 근거 없는 확신이지요. 신앙 위에 고향이 있습니다. 하지만 믿음이 지방색에 의한 차별을 극복하지 못하면 안 됩니다. 예수 그리스도는 지역을 불문하고 각 나라와 백성과 방언들에서 우리를 구원하셨습니다. 예수님은 지역에 매이지 않습니다.

셋째는, 직업을 물어보면 안 됩니다. 우리나라는 직업이 곧 그 사람의 사회적 지위와 신분을 나타내는 것처럼 되어 있습니다. 직업에 귀천이 없다고 말은 하지만 실제로는 우리도 직업으로 사람들 사이의 계층을 만들고 잘난 사람과 못한 사람으로 평가하는 질병에 걸려 있습니다. 이 또한 매우 비성경적입니다. 우리의 구주이신 예수님은 사람을 직업 보고 구원하지 않습니다. 주님 앞에서는 모든 사람이 죄인일 뿐이요 주님의 긍휼을 필요로 하는 자에 지나지 않습니다.

맺음말

우리는 차별하지 말라는 말씀대로 사람을 차별하지 말아야 합니다. 물론 한 어머니에게서 난 여러 형제 가운데도 더 가깝고 덜 가까운 사이가 있습니다. 하물며 부모도 다르고 성장 환경도 다르고 세대가 다르고 믿음의 배경이 다른 많은 사람이 모인 곳이 교회인데 어떻게 똑같이 가까울 수 있겠습니까? 그러므로 이번 장의 말씀은 모든 신자가 무조건 가까운 사이여야 한다는 말씀은 아닙니다.

오히려 비록 가깝지 않고 친하지 않은 사이일지라도 차별하면 안 된다는 말씀입니다. 못 배웠다고 차별하면 안 되고 출생 지역이 다르다고 차별하면 안 됩니다. 직업이 천하다고 멸시하면 안 되고 건강이 좋지 않다고 함부로 대해서도 안 되며, 특히 가진 것이 없는 가난한 자라고 하여 멸시하고 무시하고 업신여기면 절대로 안 됩니다 (6).

이렇게 해야 하는 이유는 예수님의 신분과 성품 때문입니다. 우리가 믿는 예수님은 주님이시고 구원자이십니다. 예수님이 모든 사람의 주인이십니다. 구원자이신 예수님은 인종이나 신분이나 성별이나 빈부를 차별하지 않고 구원하십니다. 예수님은 영광스러운 분이십니다. 영광스러운 예수님의 성품은 사람을 차별하지 않는 데서도 잘 드러납니다.

우리는 이와 같은 예수님을 믿는 믿음을 가졌습니다. 그러므로 우리도 예수님처럼 사람을 차별하지 않아야 합니다. 영광스러운 주님에 의해 구원받은 우리도 주님처럼 영광스러워야 합니다. 우리 모두가 사람을 차별하는 죄(9)를 멈춤으로써 주님의 주님 되심과 구주 되심을 나타내고 주님의 영광스러움을 실현하는 신자의 명예와 자랑을 누리시기를 바랍니다.

08 사람을 차별하면
야고보서 2:5-13

개역개정 • ⁵ 내 사랑하는 형제들아 들을지어다 하나님이 세상에서 가난한 자를 택하사 믿음에 부요하게 하시고 또 자기를 사랑하는 자들에게 약속하신 나라를 상속으로 받게 하지 아니하셨느냐 ⁶ 너희는 도리어 가난한 자를 업신여겼도다 부자는 너희를 억압하며 법정으로 끌고 가지 아니하느냐 ⁷ 그들은 너희에게 대하여 일컫는 바 그 아름다운 이름을 비방하지 아니하느냐 ⁸ 너희가 만일 성경에 기록된 대로 네 이웃 사랑하기를 네 몸과 같이 하라 하신 최고의 법을 지키면 잘하는 것이거니와 ⁹ 만일 너희가 사람을 차별하여 대하면 죄를 짓는 것이니 율법이 너희를 범법자로 정죄하리라 ¹⁰ 누구든지 온 율법을 지키다가 그 하나를 범하면 모두 범한 자가 되나니 ¹¹ 간음하지 말라 하신 이가 또한 살인하지 말라 하셨은즉 네가 비록 간음하지 아니하여도 살인하면 율법을 범한 자가 되느니라 ¹² 너희는 자유의 율법대로 심판 받을 자처럼 말도 하고 행하기도 하라 ¹³ 긍휼을 행하지 아니하는 자에게는 긍휼 없는 심판이 있으리라 긍휼은 심판을 이기고 자랑하느니라

사역 • ⁵ 너희는 들으라. 나의 사랑하는 형제들아. 하나님이 이 세상에서 가난한 자들을 믿음에 부요한 자들로 그리고 그가 (가난한 자들을) 그를 사랑하는 자들에게 약속하신 나라의 상속자들로 선택하지 않았느냐? ⁶ 그러나 너희는 가난한 자를 멸시하였다. 부자들은 너희를 억압하며 그들 자신이 너희를 법정으로 끌고 가지 않느냐? ⁷ 그들 자신이 너희 위에 불린 그 고귀한 이름을 비방하지 않느냐? ⁸ 만일 너희가 성경을 따라 "너는 너의 이웃을 너 자신처럼 사랑하라"는 왕의 법을 지키고 있다면 너희가 참으로 잘 행하고 있다. ⁹ 그러나 만일 너희가 외모로 취한다면 너희는 범법자들처럼 율법에 의해 유죄 선고를 받는 죄를 범하고 있다. ¹⁰ 왜냐하면 누구든지 온 율법을 지키다가도 그러나 하나에서 범죄하면, 그는 모든 것을 범한 자가 되었기 때문이다. ¹¹ 왜냐하면 너는 간음하지 말라고 말씀하신 이가 또한 너는 살인하지 말라고 말씀했기 때문이다. 그러므로 만일 네가 간음하지 않으나 살인하면 너는 율법을 깨뜨린 자가 되었다. ¹² 너희는 자유의 율법에 따라 장차 심판을 받을 자들인 것처럼 그렇게 말하고 또한 그

렇게 행하라. [13] 왜냐하면 그 심판은 긍휼을 행하지 않는 자에게 긍휼이 없기 때문이다. 긍휼이 심판을 이길 것이다.

야고보의 편지를 받는 교회는 사람들을 차별하는 교회였습니다. 오늘날 교회들에도 다양한 차별이 있을 수 있습니다. 외모에 의한 차별이 있을 수 있고, 학벌에 의한 차별, 출신 지역에 의한 차별, 직업에 의한 차별이 있을 수 있습니다. 이 외에도 아파트 평수에 의한 차별, 건강에 의한 차별이 있을 수 있고, 특히 외국인들이 많아진 요즘에는 다른 문화에 대한 차별이 교회 안에서 얼마든지 일어날 수 있습니다. 하지만 우리는 차별하면 안 됩니다. 그 이유는 우리는 영광의 주 예수 그리스도를 믿기 때문입니다.

예수님이 모든 사람의 주인이시니 그분만이 사람을 판단하고 평가합니다. 우리에게는 다른 사람을 판단할 권한이 없습니다. 예수님은 구주로서 인종이나 학벌이나 직업이나 지역이나 재물 같은 것으로 차별하지 않고 구원하셨습니다. 예수님의 구원에는 차별이 없습니다. 예수님은 영광스러운 성품을 가지셨습니다. 이 영광은 사람을 차별하지 않는 데서 잘 드러납니다. 그러므로 이러하신 예수님을 믿는 믿음을 가진 우리도 마땅히 예수님처럼 사람을 차별하지 않아야 합니다.

수신 교회의 차별 행위(6a)

그런데 6절에 보면 "그러나 너희는 도리어 가난한 자를 업신여겼도다"라고 말씀합니다. 야고보의 편지를 받는 교회는 가난한 사람들을 업신여겼습니다. 그들은 가난한 사람을 경멸하고 멸시하고 존귀하게 여기지 않았습니다. 이러한 차별은 죄를 짓는 것입니다.

"만일 너희가 사람을 차별하여 대하면 죄를 짓는 것이니 율법이 너희를 범법자로 정죄하리라"(9).

여러분, 차별이 죄인 이유는 무엇일까요? 세상 사람들이 말하는 인권 때문이 아닙니다. 인본주의 윤리나 도덕 때문도 아닙니다. 1-4절에서 야고보는 그 이유를 예수님의 신분과 성품 때문이라고 했습니다. 그리고 이번 장의 본문에서 그는 또 다른 두 가지 이유를 말씀합니다.

차별 금지 이유

하나님의 선택(5b)

먼저 하나님의 선택 때문에 사람을 차별하면 안 됩니다. 5절에서 야고보는 "하나님이 세상에서 가난한 자를 택하사 믿음에 부요하게 하시고 또 자기를 사랑하는 자들에게 약속하신 나라를 상속으로 받게 하지 아니하셨느냐"라고 말씀합니다. 우리가 사람을 차별하면 안 되는 근본 이유는 하나님의 선택 때문입니다. 하나님의 선택은 다음과 같은 특징이 있습니다.

첫째, 하나님의 선택은 선택받는 자가 가진 조건에 의한 것이 아니라 하나님의 주권에 의한 것입니다. 하나님은 창세 전에 우리를 택하셨고(엡 1:4) 이스라엘의 조상(행 13:17)과 베드로를 선택하셨습니다(행 15:7). 하나님은 세상의 미련한 것들과 약한 것들과 천한 것들과 멸시 받는 것들과 없는 것들을 선택하셨습니다(고전 1:27-28). 하나님은 세상에서 가난한 자를 믿음에 부요한 자로, 약속하신 나라의 상속자로 선택하셨습니다(약 2:5). 이 모든 선택은 하나님이 주권적으로 행하신 것입니다. 그러므로 하나님의 선택은 하나님의 주권의 활동이며 성취입니다.

둘째, 하나님의 선택은 우리를 하나님 나라의 상속자로 만듭니다. 하나님은 세상의 가난한 자를 '나라'를 상속하는 자로 선택하셨습니다. 하나님은 세상에서 가난하여 차별당하고 멸시받고 천대받는 자를 옷이나 금반지(약 2:2) 같이 썩어 없어질 것을 상속받는 자가 아니라 무려 '나라'를 상속받는 자로 선택하셨습니다. 이 나라는 하나님의 나라를 의미합니다. 하나님은 세상에서 재물에 가난한 자를 하나님의 나라를 상속하는 부유한 자로 선택하셨습니다. 그래서 하나님의 선택은 비천한 빈자를 존귀한 부자가 되게 합니다.

셋째, 그러므로 하나님의 선택은 존귀한 신분이 되게 합니다. 하나님은 이 세상에서 재물에 가난한 자를 믿음에 부요한 자로 선택하셨고 하나님의 나라를 받는 상속자로 선택하셨습니다. 수신 교회의 신자들은 가난한 사람들을 업신여겼습니다(6). '업신여긴다'(ἀτιμάζω)라는 말은 존귀하게 여기지 않는다는 뜻입니다. 수신 교회는 가난한 사람을 존귀하게 여기지 않았습니다. 그러나 하나님은 이렇게 업신여김을 받는 사람들을 부요한 자와 상속자로 선택하셨습니다. 이렇게 함으로써 하나님은 업신여김을 받는 자를 존귀한 자가 되게 했습니다. 하나님의 선택으로 멸시받던 자가 존귀한 자가 됩니다. 하나님의 선택으로 비참한 인간이 존귀한 인간이 됩니다.

넷째, 하나님의 선택은 영원한 선택입니다. 하나님은 물질에 가난한 자를 예수 그리스도를 믿는 '믿음'에 부요한 자로 선택하셨습니다. 하나님은 세상에서 가난한 자를 썩어 없어질 재물(약 1:10-11; 5:2-3)에 부유한 자로 선택하신 것이 아니라 영원하신(cf. 약 1:9-11; 4:14) 영광의 주 (약 2:1), 만군의 주(약 5:4), 다시 오셔서(약 5:7, 8) 심판하시는 주(약 5:9)이신 예수 그리스도를 믿는 믿음에 부요한 자로 선택하셨습니다. 그러므로 이 선택은 영원한 선택입니다.

다섯째, 이런 까닭에 하나님의 선택은 불변합니다. 하나님이 가난한 자를 하나님 나라의 상속자로 선택하신 것은 하나님의 약속에 근거한 것입니다. 하나님은 자기를 사랑하는 자들에게 나라를 약속하셨습니다(5c). 이 약속에 의해 세상에서 가난한 자들이 하나님 나라의 상속자로 선택되었습니다. 하나님의 약속은 변하지 않으므로 이 약속에 의해 하나님 나라의 상속자 된 것도 변하지 않습니다. 그러므로 하나님 나라의 상속자가 되게 하신 하나님의 선택은 불변의 선택입니다.

차별을 금하는 기독교 윤리의 근간

하나님은 주권적으로 신자를 선택하셨습니다. 이 선택으로 인해 가난한 자가 믿음에 부요한 자가 되고 하나님의 나라의 상속자가 되었습니다. 하나님의 선택은 멸시받고 업신여김을 받던 자를 존귀한 자가 되게 했습니다. 이 선택은 영원한 선택이며 불변의 선택이기 때문에 선택받은 자의 부요함과 상속자 된 신분도 결코 변하지 않고 영원합니다.

그러므로 사람을 차별하는 것은 단순히 사람을 멸시하는 일이 아니라 그를 선택하신 하나님을 멸시하는 행위입니다. 그래서 사람을 존귀하게 여기지 않고 차별하여 업신여기는 행위는 단순히 인간의 윤리나 도덕의 문제가 아니라 영적 문제입니다. 하나님이 선택하신 사람들을 차별하는 행위는 근본적으로는 사람과의 문제가 아니라 하나님과의 문제입니다.

따라서 우리는 차별 문제를 해결하기 위해서 사람의 외모를 주목하는 데서 눈을 돌려 그들을 선택하신 하나님을 바라보아야 합니다. 야고보는 하나님의 선택에 근거해서 사람을 외모로 보지 말며 차별하지 말라고 강력하게 경고하고 있습니다. 신자가 사람을 차별하지 않아야 하는 기독교 윤리는 인간으로서 당연히 갖는 기본 권리인 인권 때문도 아니고 인본적인 윤리 때문도 아닙니다. 그것은 오직 하나님의 선택 때문입니다. 하나님의 선택이 차별을 금지하는 기독교 윤리의 근간입니다.

왕의 법(8)

야고보가 사람을 외모로 취하는 차별을 금지한 두 번째 이유는 최고의 법, 정확하게 말하면 '왕의 법'(νόμος βασιλικός) 때문입니다. 8절은 이렇게 말씀합니다.

> "너희가 만일 성경에 기록된 대로 네 이웃 사랑하기를 네 몸과 같이 하라 하신 "최고의 법"을 지키면 잘 하는 것이거니와"

우리가 너무나 잘 알고 있는 "너는 너의 이웃을 너 자신처럼 사랑하라"는 명령이 곧 최고의 법이요 왕의 법입니다. 그러므로 사람을 차별하는 것은 이웃을 사랑하지 않는 것이며, 이는 '왕의 법'을 어기는 행위입니다. 그러나 왕의 법을 지키면 참으로 잘하는 것이라고 말씀합니다.

'왕의 법'에서 강조되는 것은 '왕의'(βασιλικός)라는 말입니다. 이 말은 '왕에 의해 주어진'이라는 뜻입니다. 왕의 법은 왕이 직접 주신

법이라는 말입니다. 왕의 법은 왕에 의해 시작된 법이기에 절대적 권위를 가지고 있습니다. 그러므로 하나님의 통치를 받는 백성인 모든 신자는 반드시 이 법에 복종해야 합니다.

또한 왕의 법은 그 법을 내신 왕의 성품을 잘 반영합니다. 토기는 토기장이의 성품을 나타내며, 작품에는 작가의 성격이 드러납니다. 법도 마찬가지입니다. 사울의 법은 사울의 성품을 나타내고 다윗의 법은 다윗의 성품을 반영합니다. 왕이신 하나님에게서 나온 법은 하나님의 성품의 표현입니다. 이 법이 실현되는 하나님의 나라는 하나님의 성품이 실현되는 나라입니다.

하나님 나라의 백성은 이 법을 지킴으로써 왕이신 하나님이 어떤 분이시며, 하나님의 나라가 어떤 나라이며, 그 나라의 백성이 어떤 자들인지를 나타냅니다. 왕의 백성은 왕의 법을 지킴으로써 왕의 성품을 닮고 왕의 성품을 실현하는 왕의 친 백성임을 증거합니다. 이 증거로 인해 왕과 그의 나라가 널리 선전되고 나아가서는 왕의 나라가 확장됩니다. 이 법은 성경에 기록되어 있습니다.

"성경에 기록된 대로 … 왕의 법을 지키면"(8).

그러므로 성경은 하나님의 법전입니다.

왕의 법을 지키는 것과 범하는 것(9)

하나님의 나라는 하나님의 법전인 성경을 따라 통치하는 나라이며, 이 나라의 백성은 왕의 법대로 이웃을 자신처럼 사랑해야 합니다. 이 법은 '너의 이웃'이 곧 '네 자신'이라는 점을 강조합니다. 신자의 이웃은 남이 아니라 신자 자신입니다. 이웃과 자신은 다르지 않습니다. 우리는 이웃을 남으로 보는 것부터 시정해야 합니다. 우리의 이웃은 남이 아니라 우리 자신입니다. 그러므로 우리 모두는 다른 사람을 차별하지 말고 우리 자신처럼 사랑해야 합니다. 이렇게 하는 것이 하나님 나라의 백성으로서 왕이신 하나님의 법을 지키는 것입니다.

성경은 이렇게 하는 것이 '참으로 잘 하는 것'(8)이라고 말씀합니다. 이웃을 자신처럼 사랑하면 왕의 법을 지키는 것이므로 이는 참으로 정당하게 행하는 것입니다. 이렇게 하여 왕이 어떤 분인지를 나타내는 것은 바르게 행하는 일이며, 왕의 나라가 어떤 나라인지를 증거하는 것은 참으로 공정하게 행하는 일이며, 나아가서 왕의 백성이 어떤 사람인지를 보여주는 것은 참으로 잘하는 일입니다. 그러나 차별하면 죄를 짓는 것입니다.

> "그러나 만일 너희가 사람을 차별하여 대하면 죄를 짓는 것이니 율법이 너희를 범법자로 정죄하리라"(9).

세상에서 아무리 외모로 취하는 차별이 용납되고 자연스러운 것이며 범죄가 아니라 할지라도 신자에게 있어 차별은 분명히 범죄 행위입니다. 신자는 세상 기준을 따라 사는 자가 아니라 하나님의 법, 왕의 법을 따라 사는 자이기 때문입니다. 이런 까닭에 야고보는 사람을 차별하는 것은 '하나님의 법'을 어긴 범법자와 같다고 선언합니다. 사람을 차별함으로써 이웃을 자신처럼 사랑하지 않으면 '하나님의 법'을 거역하고 위반하고 깨뜨린 범법자가 되고 맙니다.

이런 의미에서 신자의 이웃에 대한 관계는 곧 신자의 하나님에 대한 관계입니다. 이웃을 선대하는 것이 곧 하나님을 선대하는 것입니다. 이웃을 사랑하는 것은 자신을 사랑하는 것을 넘어 궁극적으로는 하나님을 사랑하는 것입니다.

"임금이 대답하여 이르시되 내가 진실로 너희에게 이르노니 너희가 여기 내 형제 중에 지극히 작은 자 하나에게 한 것이 곧 내게 한 것이니라 하시고" (마 25:40).

"이에 임금이 대답하여 이르시되 내가 진실로 너희에게 이르노니 이 지극히 작은 자 하나에게 하지 아니한 것이 곧 내게 하지 아니한 것이니라(마 25:45)."

하나님에 대한 신자의 관계는 이웃에 대한 신자의 관계에서 확인됩니다. 따라서 신자의 이웃에 대한 관계는 단순히 사람으로서 마땅히 지켜야 할 도리인 인륜의 도덕적인 문제가 아니라 신적 문제이며 영적 문제입니다.

'하나'가 곧 '전부(온)'(10)

이어서 야고보는 10절에서 왕의 법에 관련된 매우 중요한 사실을 말씀합니다.

"누구든지 온 율법을 지키다가 그 하나를 범하면 모두 범한 자가 되나니"(10).

세상에서는 일반적으로 다수결의 원칙을 따릅니다. 이것은 의사를 통일하는 민주주의의 기본 원칙 가운데 하나입니다. 소수는 다수를 따라야 합니다. 그러나 하나님의 법은 이와 정반대입니다. 왕의 법은 온 율법을 지켜도 그 중 한 가지를 범하면 모든 것을 범한 것이 됩니다. '하나'에 의해 '모든'이 결정됩니다. '전부'는 '하나'에 달려 있습니다. 그러므로 '하나'는 곧 '전부'입니다.

이렇게 되는 이유는 율법 자체에 있는 것이 아니라 그 율법을 '내신 이'에게 있습니다.

"간음하지 말라 하신 이가 또한 살인하지 말라 하셨은즉"(11).

"말씀하신 이가 … 또한 말씀하셨다." 강조점이 '말씀하신 이'에게 있습니다. 율법의 한 가지 조항을 내신 하나님이 다른 모든 조항들도 내셨습니다. 그래서 하나님의 법은 나눌 수 없는 하나의 통일체입니다. 이런 까닭에 모든 율법을 다 지키다가도 그중의 하나를 범하게 되면 모든 율법을 어긴 것이 됩니다. 만일 우리가 사람을 차별하면 한 가지 법만 어긴 것이 아니라 하나님의 모든 법을 범한 것이 됩니다. 이 사실을 엄중히 여기고 우리 모두는 사람을 차별하는 죄를 범하지 않아야 합니다.

맺음말

그래서 야고보는 결론으로 "너희는 자유의 율법대로 심판받을 자처럼 말도 하고 행하기도 하라"(12)고 말씀합니다. 우리는 장차 있을 심판을 의식하며 현재를 살아야 합니다. 심판은 장래에 있을 것이지만, 그것이 너무나 분명한 일이기에 우리는 지금 이 땅에서 종말의 심판 앞에 서 있는 자로 살아갑니다. 이것이 바로 신자의 종말 의식입니다.

신자는 미래에 의해 현재를 사는 사람입니다. 신자의 현재는 미래의 반영입니다. 신자의 삶은 미래가 오늘을 이끌어가며, 종말이 현재를 결정합니다. 우리도 미래에 있을 종말론적 심판을 의식하며 말도 하고 행동도 해야 합니다. 우리는 미래에 있을 심판 때문에 오늘 이 땅에서 사람을 차별하지 않고 내 몸처럼 사랑해야 합니다. 긍휼을 행하지 아니하는 자에게는 긍휼 없는 심판이 있을 것이기 때문입니다(13a).

이와 함께 야고보는 "긍휼은 심판을 이기고 자랑한다"(13)고 말씀합니다. 이 땅에서 행하는 신자의 긍휼은 장차 있을 종말의 심판을 경험하지 않게 됩니다. 이것이 다른 사람을 차별하지 않고 긍휼히 여겨야 하는 이유입니다. 야고보의 결론은 이것입니다. '사람을 긍휼히 여겨 차별하지 않음으로 이웃을 너 자신처럼 사랑하라는 왕의 법을 지키십시오. 이 긍휼이 장차 심판을 경험하지 않게 할 것입니다.'

09 믿음과 행위
야고보서 2:14-26

개역개정 • ¹⁴ 내 형제들아 만일 사람이 믿음이 있노라 하고 행함이 없으면 무슨 유익이 있으리요 그 믿음이 능히 자기를 구원하겠느냐 ¹⁵ 만일 형제나 자매가 헐벗고 일용할 양식이 없는데 ¹⁶ 너희 중에 누구든지 그에게 이르되 평안히 가라, 덥게 하라, 배부르게 하라 하며 그 몸에 쓸 것을 주지 아니하면 무슨 유익이 있으리요 ¹⁷ 이와 같이 행함이 없는 믿음은 그 자체가 죽은 것이라 ¹⁸ 어떤 사람은 말하기를 너는 믿음이 있고 나는 행함이 있으니 행함이 없는 네 믿음을 내게 보이라 나는 행함으로 내 믿음을 네게 보이리라 하리라 ¹⁹ 네가 하나님은 한 분이신 줄을 믿느냐 잘하는도다 귀신들도 믿고 떠느니라 ²⁰ 아아 허탄한 사람아 행함이 없는 믿음이 헛것인 줄을 알고자 하느냐 ²¹ 우리 조상 아브라함이 그 아들 이삭을 제단에 바칠 때에 행함으로 의롭다 하심을 받은 것이 아니냐 ²² 네가 보거니와 믿음이 그의 행함과 함께 일하고 행함으로 믿음이 온전하게 되었느니라 ²³ 이에 성경에 이른 바 아브라함이 하나님을 믿으니 이것을 의로 여기셨다는 말씀이 이루어졌고 그는 하나님의 벗이라 칭함을 받았나니 ²⁴ 이로 보건대 사람이 행함으로 의롭다 하심을 받고 믿음으로만은 아니니라 ²⁵ 또 이와 같이 기생 라합이 사자들을 접대하여 다른 길로 나가게 할 때에 행함으로 의롭다 하심을 받은 것이 아니냐 ²⁶ 영혼 없는 몸이 죽은 것 같이 행함이 없는 믿음은 죽은 것이니라

사역 • ¹⁴ 무엇이 유익하겠는가, 나의 형제들아, 만일 어떤 사람이 믿음을 가지고 있다고 말할지라도 그러나 그가 행위들을 지속적으로 가지고 있지 않다면? 그 믿음이 그를 구원할 수 있겠는가? ¹⁵ 만일 형제나 자매가 헐벗고 매일의 양식이 부족한데 ¹⁶ 너희들 중에 어떤 사람이 그들에게 "너희는 평안히 가라, 따뜻하게 하라 그리고 배부르게 하라"고 말할지라도, 그러나 너희가 그들에게 몸의 필요한 것들을 주지 않는다면, 무엇이 유익하겠는가? ¹⁷ 이와 같이 실로 그 믿음은, 만일 그것이 행위들을 가지고 있지 않다면, 그것 자체는 죽었다. ¹⁸ 자 이제, 어떤 사람이 말할 것이다. "너는 믿음을 가지고 있다. 그러나 나는 행위들을 가지고 있다. 너는 행위들이 없는 너의 믿음을 나에게 보이라. 그러나 나는 나의

행위들에 의해 믿음을 너에게 보이겠다." [19] 너는 하나님이 한 분이시라는 것을 믿는다. 너는 잘 행하고 있다. 귀신들조차도 믿고 또한 두려움으로 떤다. [20] 오 헛된 사람아, 그럼에도 불구하고 너는 행위들이 없는 그 믿음이 헛것이라는 것을 알기 원하는가? [21] 우리의 조상 아브라함이 그의 아들 이삭을 제단 위에 바칠 때에 행위들에 의해 의롭다 함을 받지 않았느냐? [22] 너는 그 믿음이 그의 행위들과 함께 일하고 있었고, 그리고 그 행위들에 의해 그 믿음이 온전하게 되었다는 것을 보고 있다. [23] 그리하여 "그런데 아브라함이 하나님을 믿었다. 그리고 그것이 그에게 의로 간주되었다"라고 말씀하는 성경이 성취되었다. 그리고 그는 하나님의 친구라고 불렸다. [24] 너희는 사람이 행위들에 의해 의롭게 되고 단지 믿음에 의해서만은 아니라는 것을 보고 있다. [25] 그리고 이와 같이 매춘부 라합도 사자들을 영접하고 다른 길로 내보냈을 때 행위들에 의해 의롭다 함을 받지 않았느냐? [26] 참으로 영혼 없는 그 몸이 죽은 것처럼, 이와 같이 행위들이 없는 그 믿음 역시 죽었다.

성경을 읽다보면 마치 퍽퍽한 고구마 한 10개가 목에 걸린 것처럼 또는 날카롭고 단단한 고등어 가시가 목에 걸린 것처럼 몹시 답답하거나 불안한 말씀을 대할 때가 있습니다. 아마도 이번 장의 본문이 그 대표적인 예일 겁니다.

야고보는 14절에서 "만일 사람이 믿음이 있노라 하고 행함이 없으면 무슨 유익이 있으리요 그 믿음이 능히 자기를 구원하겠느냐"라고 말씀하며, 17절은 "행함이 없는 믿음은 그 자체가 죽은 것이라"라고 말씀합니다. 또한 그는 20절에서 "행함이 없는 믿음이 헛것이다"라고 선언하며, 26절에서는 "영혼 없는 몸이 죽은 것 같이 행함이 없는 믿음은 죽은 것이다"라고 단언합니다. 13절 중에 4절이 표현을 바꿔가며 같은 말씀을 합니다. 게다가 "믿음이 그의 행함과 함께 일하고 행함으로 믿음이 온전하게 되었느니라"(22)와 "행함으로 의롭다 하심을 받고 믿음으로만은 아니니라"(24)를 포함하면 13절 중에 무려 6절이, 거의 반에 가깝게 '행함이 없으면 죽은 믿음이며, 이는 구원할 수 없는 믿음'이라고 말씀합니다. 그래서 본문은 우리를 불안하게 만들고 나의 구원에 대해 의심하고 자신 없게 합니다.

이에 더하여 본문은 우리를 몹시 혼란스럽게 만듭니다. 왜냐하면 우리는 전통적으로 이신칭의, 다시 말해 믿음으로 의롭게 된다고 배웠고 또한 그렇게 믿고 있기 때문입니다. 사도 바울은 그의 서신서에서 이 사실을 분명히 말씀했습니다.

"오직 의인은 믿음으로 말미암아 살리라"(롬 1:17).

"사람이 의롭게 되는 것은 율법의 행위로 말미암음이 아니요 오직 예수 그리스도를 믿음으로 말미암는 줄 알므로 우리도 그리스도 예수를 믿나니 이는 우리가 율법의 행위로써가 아니고 그리스도를 믿음으로써 의롭다 함을 얻으려 함이라 율법의 행위로써는 의롭다 함을 얻을 육체가 없느니라"(갈 2:16).

"또 하나님 앞에서 아무도 율법으로 말미암아 의롭게 되지 못할 것이 분명하니 이는 의인은 믿음으로 살리라 하였음이라"(갈 3:11).

그렇다면 이 말씀들은 아브라함이 행함으로 의롭다 하심을 받았으며(21), 행함으로 의롭다 하심을 받고 믿음으로만은 아니라(24, cf. 21)는 야고보의 주장과 서로 모순되며, 따라서 둘 중에 한 사람은 틀린 것일까요? 우리도 잘못 믿고 있는 것인가요? 혼란스럽고 불안합니다.

야고보서의 믿음

이 문제를 해결하기 위해서 우리는 먼저 야고보가 믿음을 무시하지 않는다는 사실을 기억해야 합니다. 일반적으로 야고보서를 행위의 서신이라고 여깁니다. 다시 말해 야고보서는 믿음은 무시하고 오직 행위를 강조하는 서신이라고 생각합니다. 그러나 자세히 살펴보면 야고보서도 믿음을 매우 중요하게 여기고 있습니다.

야고보서에는 '믿음'이라는 단어가 모두 16번 나타나며, 전체 다섯 장 가운데 1, 2, 5장에서 믿음에 대하여 말씀합니다. 그리고 다루는 주제도 보면 믿음과 시련(1:3), 믿음으로 간구(1:6), 우리 주 예수 그리스도에 대한 믿음(2:1), 믿음에 부요한 자들(2:5), 믿음과 행위(2:14-26), 믿음의 기도(5:15) 등 매우 중요한 주제와 관련되어 있습니다. 그러므로 야고보는 믿음을 절대로 소홀히 여기지 않습니다.

행함이란 무엇인가?

또한 믿음과 행위의 문제를 이해하기 위해서 우리는 야고보가 예로 제시한 아브라함과 라합의 믿음과 행위에 주의해야 합니다. 먼저 알아야 할 것은 믿음과 함께 일하고 믿음을 온전케 하는 '행위'가 무엇이냐 하는 것입니다. 야고보가 말하는 행함(위)은 단순히 착한 행동이 아니라 하나님의 존재와 신분과 활동(말씀, 언약 등)에 부응하는 합당한 반응을 가리킵니다. 이 행함(위)은 인간의 윤리·도덕보다 훨씬 넓고 깊고 크고 때로는 초월합니다.

그래서 야고보는 단지 '행위'라고 말할 뿐, 그 단어 앞에 '착한'이나 '선한'과 같은 꾸며주는 말을 단 한 번도 붙이지 않습니다(약 2:14, 17, 18tris, 20, 21, 22bis, 24, 25, 26). 그는 오직 '행위'라고 말할 뿐, 착한 행위나 선행이라고 말하지 않습니다. 믿음과 함께 일하며, 믿음을 온전하게 하는 것은 그냥 '행위'이지 '착한' 행위가 아닙니다. 이 사실을 아는 것은 믿음과 행위를 이해하는 데 매우 중요합니다.

그렇다고 해서 야고보가 착한 행실을 배척하는 것은 당연히 아닙니다. 그는 야고보서 전체에서 편애, 말, 차별, 미혹, 착취, 자랑, 세속화, 허망한 생각, 인내 등 선행과 관련된 다양한 권면을 합니다. 그럼에도 야고보가 본문에서 말하는 '행위'는 일반적으로 말하는 '착한' 행위나 선행이 아닙니다.

먼저 아브라함의 행위를 보겠습니다. 그는 이삭을 제단에 바치는

'행위'로 의롭다 하심을 받았습니다(21). 아브라함은 아들을 정말 죽이려고 했습니다. 단지 하나님이 마지막 순간에 막으셨을 뿐입니다. 그러므로 아브라함의 행위는 살인입니다. 살인은 하나님의 십계명을 어긴 행위입니다. 여러분, 살인을 하여 십계명을 어긴 이 행위를 착한 행위, 선한 행위라고 할 수 있습니까?

라합의 행위는 어떻습니까? 라합은 자기 나라를 멸망시키기 위해 숨어들어 온 정탐꾼들을 도와준 반면에 그들을 잡기 위해 왕이 보낸 사람들에게는 거짓말을 하여 따돌렸습니다(25). 라합은 자기 나라를 배신하였고 거짓말을 함으로써 역시 십계명을 어겼습니다. 여러분, 이 행위가 착한 행위이고 선한 행실입니까? 아닙니다.

그런데도 야고보는 이들이 바로 이런 행위로 의롭다 하심을 받았다고 말씀하고 있습니다(21, 25). 그러므로 야고보가 말하는 '행위'는 보통 알고 있는 인간의 도덕적 선행을 의미하지 않습니다. 아브라함과 라합의 행위는 하나님의 말씀, 다시 말해 그분의 언약을 믿고 그것이 그대로 성취될 줄로 확신한 데서 나오는 행위입니다. 그들의 행위는 하나님의 존재와 신분과 성품과 활동과 말씀 등에 부응하는 합당한 반응입니다.

믿음과 행위 : 원인과 결과

그러면 이러한 행함과 믿음은 어떤 관계일까요? 야고보는 21절에서 아브라함이 그의 사랑하는 아들인 이삭을 제단 위에서 하나님께 제물로 드릴 때 그 행위에 의해 의롭다 하심을 받았다고 말씀합니다. 여기서 행위로 의롭다 하심을 받았다는 말은 행위'만'으로 의롭게 되었다는 말이 아닙니다. 이 사실이 매우 중요합니다. 히브리서는 이렇게 말합니다.

"아브라함은 시험을 받을 때에 믿음으로 이삭을 드렸으니 그는 약속들을 받은 자로되 그 외아들을 드렸느니라"(히 11:17).

하나님은 아브라함에게 이삭을 제물로 바치라고 말씀하시기 오래 전에 한 가지 약속을 하셨습니다. 그것은 "네 몸에서 날 자가 네 상속자가 되리라"라는 약속이었습니다(창 15:4). 아브라함은 이 약속을 주신 '여호와'를 믿었고, 여호와는 아브라함의 이 믿음을 그의 의로 여기셨습니다(창 15:6). 그리고 오랜 시간이 지나서 아브라함은 이 약속을 믿고, 이 약속을 하신 하나님을 믿고 이삭을 제물로 드리는 행위를 했습니다(cf. 히 11:18).

이 사실은 이삭을 제사로 드리는 일에 동행한 종들에게 한 말에서도 잘 나타납니다.

"이에 아브라함이 종들에게 이르되 … 내가 아이와 함께 저기 가서 예배를 드리고 우리가 너희에게로 돌아오리라"(창 22:5).

아브라함이 이삭을 죽여서 번제로 드린 후에 '혼자' 돌아오지 않고 '우리가'(1p. pl.) 돌아오겠다고 말한 것은 그가 이삭과 함께 돌아오겠다는 말입니다. 이 말은 그가 하나님이 이삭을 죽은 자 가운데서 반드시 다시 살리셔서 그를 통해 후손을 주시겠다고 하신 약속을 지키실 줄로 믿었다는 뜻입니다.

"그가 하나님이 능히 이삭을 죽은 자 가운데서 다시 살리실 줄로 생각한지라 비유컨대 그를 죽은 자 가운데서 도로 받은 것이니라"(히 11:19).

아브라함은 하나님의 약속을 문자 그대로 믿었습니다. 이 믿음이 이삭을 제물로 드리는 행위를 낳았습니다. 그러므로 이삭을 드리는 행위 자체가 의롭다 하심을 받은 원인은 아닙니다. 이 행위는 약속하신 하나님을 믿는 믿음이 원인이 되어 나온 결과입니다(창 22:5; 히 11:19). 아브라함의 행위는 믿음에서 나왔습니다. 믿음이 행위의 원인이며 행위는 믿음의 결과입니다.

이처럼 행위는 믿음을 전제로 합니다. 믿음에서 행위가 나옵니다. 그래서 믿음은 행위와 함께 일하고 행위로 믿음이 온전하게 됩니다(22). 함께 일한다(협동한다)는 말은 믿음은 행위로 나타나며, 행위는 믿음을 증거한다는 뜻입니다. 이런 이유로 18절은 "행함으로 믿음을 보이리라"(δεικνύναι, δεικνύειν)라고 말씀했습니다. 그리고 "온전하게 되었다"(ἐτελειώθη)라는 말은 어떤 것이 의도된 목적에 도달하게 되었다는 뜻입니다.

따라서 야고보가 말하는 행위는 구원받게 하거나 칭의를 얻게 하는 공로가 아닙니다. 행위는 단지 믿음에 의도된 목적이 이루어졌다는 증거입니다. 그러므로 아브라함이 아들을 제단에 드린 행위는 아브라함이 하나님을 믿었을 때(창 15:6) 의도된 그 목적을 성취했다는 증거입니다. 그의 행위는 그의 믿음이 온전하게 되었다는 사실을 나타냅니다. 따라서 신자의 행위는 믿음이 있다는 증거이며, 믿음은 행위와 함께 일합니다.

행위와 시간

하지만 세상에 행위 완전한 자가 어디 있겠습니까? 우리의 행위는 너무도 미약하고 부족합니다. 그렇다면 우리의 믿음은 다 죽은 것이고(17, 26), 헛것이며(20), 구원할 수 없는 믿음입니까?(14) 여기서 우리는 다시 아브라함의 믿음과 행위를 주목해야 합니다. 여호와께서 아브라함을 의롭다고 여기신 사건은 창세기 15:1-6에 나타납니다. 하나님은 아브람에게 그의 몸에서 날 상속자와 그를 통해 많은 자손들을 주시리라고 언약하셨습니다. 그러자 아브람이 여호와를 믿었고, 여호와께서는 이 믿음을 그의 의로 여기셨습니다(창 15:6). 그리고 아주 오랜 세월이 흐른 후에 아브라함이 이삭을 하나님께 번제로 드리는 행위가 있었습니다(창 22:1-19).

여기서 눈여겨볼 것은 아브라함이 하나님을 믿어 '의로 여김'을 받은(24, 창 15장) 그때부터 이삭을 제물로 드려 '의롭다 함'을 받기까지(21, 창 22장), 이 기간에 그가 믿음에서 승승장구하며 산 것이 아니라는 사실입니다. 아브라함은 상속자를 그의 몸에서 주시겠다는 하나님의 언약을 깨뜨리는 불신앙의 행위를 여러 차례 저질렀습니다. 그는 언약을 무시하고 사래의 요청으로 하갈에게서 이스마엘을 낳았습니다(창 16:1-11). 또한 그는 하나님께서 그에게 나타나셔서 "너는 여러 민족의 아버지가 될지라 … 네게서 민족들이 나오게 하며 왕들이 네게로부터 나오리라"(창 17:5-6)라고 언약을 재확인하시고 그와 그의 아내 사래의 이름을 고쳐주시는 그 자리에서도 "엎드려 웃으며 마음속으로 이르되 백 세 된 사람이 어찌 자식을 낳을까 사라는 90세니 어찌 출산하리요"(창 17:17)라며 하나님께 "이스마엘이나 하나님 앞에서 살기를 원하나이다"(창 17:18)라고 말했습니다. 이뿐 아니라 하나님이 사라를 통해 상속자를 주신다고 언약하셨는데도 그는 그랄 왕 아비멜렉에게 사라를 누이라 하여 아비멜렉이 사라를 데려가는 불상사가 일어나게 했습니다. 결국 하나님이 그를 막아 범죄하지 못하게 하고 사라를 돌려보내도록 하셔야 했습니다 (창 20:1-7).

이처럼 아브라함은 하나님의 언약을 믿어 의로 '여기심'을 받고도 긴 시간 동안(약 25년) 반복적으로 언약을 불신하는 행위를 했습니다. 그런 후에야 그는 언약에 대한 확고한 믿음을 행위로 나타냈습니다. 이것이 바로 아들 이삭을 제단 위에 드린 사건입니다.

그러므로 여러분, 아브라함은 믿는 그 순간부터 완전한 행위를 한 것이 아니었습니다. 그는 의롭다 여기심을 받았지만, 오히려 계속하여 믿음에 반하는 행위들을 했으며, 이런 과정이 있은 후에야 마침내 온전한 행위를 하여 의롭다 함을 받았습니다(21). 이처럼 하나님을 믿어 의로 여기심을 받는 것과 그것에 부합되는 행위를 하는 것 사이에는 긴 시간의 간격과 반복되는 행위의 실패가 있습니다. 믿음을 가지는 것과 그 믿음에 요구되는 온전한 행위를 하는 것은 기계처럼 바로바로 이루어지지 않습니다. 대체로 믿고 난 후에 오랜 시간 동안 반복되는 실패를 통해서 온전한 행위를 하게 됩니다. 이것이 우리의 공통된 경험이자 무엇보다 성경이 보여주는 진실입니다.

행위의 원인 - 하나님의 열심

그러면 믿음과 행위 사이의 이와 같은 간격을 메우는 일이 어떻게 가능할까요? 그 답은 '하나님이 하신다'입니다. 하나님이 이 일을 하십니다. 하나님은 의롭다고 여기신 후에 거기서 끝내는 것이 아니라 그 인정하심에 합당한 행위를 하는 데까지 개입하시고 이끌어 가십니다. 하나님이 온전한 행위를 하는 데까지 인도하십니다. 이것이 바로 우리를 향한 하나님의 열심이요 신실하심이며 하나님의 충성하심입니다.

먼저 아브라함이 의롭다 하심을 받았습니다(21). 이 말은 하나님이 아브라함을 의롭게 만드셨다(pass.)는 뜻입니다. 아브라함이 의롭게 된 근본 원인은 그의 행위 자체가 아니라 하나님이십니다. 또한 23절에서 야고보는 아브라함이 의롭다 하심을 받음으로써 하나님이 그를 의로 여기심이 '이루어졌다'라고 합니다. '이루어졌다'(23, 성취, ἐπληρώθη)라는 말은 하나님이 그의 믿음을 의롭다고 여기셨고, 그의 넘어지는 모든 과정을 다 인내하시어 마침내 행위를 통해 온전한 믿음을 나타내는 그 자리까지 이끌어 가셨다(신적 pass.)는 뜻입니다.

이처럼 아브라함이 언약을 믿음으로써 의로 여겨진 것도 하나님이 하신 일이고, 오랜 시간을 거쳐 여러 차례 언약에 '반하는 행위들'을 했음에도 불구하고 마침내 모리아 산에서 아들을 제물로 바쳐 하나님의 언약에 '부합하는 행위'를 하기에 이른 것도 다 하나님이 하셨습니다. 하나님의 언약이 없었으면 아브라함의 믿음도 없습니다. 하나님의 인내와 인도하심이 없었다면 아브라함의 제사도 없습니다. 그러므로 아브라함이 의롭다 여김을 받고(23) 실패하는 과정을 거쳐 마침내 의롭다 하심을 받는 데(21) 이르기까지 이 모든 전 과정을 하나님이 시작하셨고 하나님이 진행하셨으며 하나님이 끝끝내 이루셨습니다(23).

맺음말

구원은 오직 믿음으로 받습니다. 이 진리에는 어떤 변함도 없습니다. 만일 행위로 의롭다 함을 받는다면 우리도 아브라함처럼 살인하고 라합처럼 배신하고 거짓말을 하여 십계명을 어겨야 합니다. 그러나 이것은 분명 아닙니다. 믿는 자에게 요구되는 행위는 단순히 도덕책에서 말하는 착한 행동이나 선행이 아닙니다. 믿음을 증거하는 행위는 하나님의 존재와 신분과 성품과 말씀과 언약과 활동 등에 온전히 부합하는 반응입니다.

하지만 대부분의 경우 믿음을 갖는 즉시 행위가 온전케 되는 것은 아닙니다. 믿음과 행위 사이에는 많은 행위의 실패와 긴 시간의 간격이 있습니다. 그래서 믿는 즉시 믿음에 적합한 행위가 나타나지 않는다 해서 그 믿음이 무익하게 되는 것은 아닙니다. 왜냐하면 하나님이 믿음을 보시고 의로 여기셨을 때는 그 믿음에 합당한 행위를 하는 데까지 이끌어 가시겠다는 하나님의 열심과 충성과 의지가 그 안에 들어 있기 때문입니다.

시작하신 하나님은 이루시는 하나님이십니다(cf. 빌 1:6). 인간에게는 시작과 완성 사이에 긴 간격이 있으나 하나님에게는 시작과 마침 사이에 어떤 간격도 없습니다. 그래서 하나님에게는 '의롭다 여기심'(23; 창 15장)과 '의롭다 하심'(21; 창 22장) 사이에 어떤 간격도 없이 하나이며, 이 둘의 효력도 같습니다. 아브라함의 시간의 간격과 행위의 실패는 단지 사람의 간격이며 사람의 실패일 뿐입니다.

그렇다고 해서 온전한 행위를 이루기 위한 우리의 노력과 수고가 필요 없다는 말이 아닙니다. 우리는 매일 매 시간 믿음에 합당한 행위를 하기 위해 우리 자신을 쳐서 복종시켜야 합니다. 그리고 우리의 이 모든 일들을 통해서 하나님은 우리를 온전한 행위를 가진 신자로 만들어 가십니다. 우리에 대한 하나님의 열심은 결코 우리의 경건한 삶을 배제하지 않습니다. 주님의 충성을 아는 신자는 나그네로 있을 때를 두려움으로 지냅니다(벧전 1:17; 히 12:28).

10

작은 지체, 큰 자랑
야고보서 3:1-12

개역개정 • ¹ 내 형제들아 너희는 선생된 우리가 더 큰 심판을 받을 줄 알고 선생이 많이 되지 말라 ² 우리가 다 실수가 많으니 만일 말에 실수가 없는 자라면 곧 온전한 사람이라 능히 온몸도 굴레 씌우리라 ³ 우리가 말들의 입에 재갈 물리는 것은 우리에게 순종하게 하려고 그 온몸을 제어하는 것이라 ⁴ 또 배를 보라 그렇게 크고 광풍에 밀려가는 것들을 지극히 작은 키로써 사공의 뜻대로 운행하나니 ⁵ 이와 같이 혀도 작은 지체로되 큰 것을 자랑하도다 보라 얼마나 작은 불이 얼마나 많은 나무를 태우는가 ⁶ 혀는 곧 불이요 불의의 세계라 혀는 우리 지체 중에서 온몸을 더럽히고 삶의 수레바퀴를 불사르나니 그 사르는 것이 지옥 불에서 나느니라 ⁷ 여러 종류의 짐승과 새와 벌레와 바다의 생물은 다 사람이 길들일 수 있고 길들여 왔거니와 ⁸ 혀는 능히 길들일 사람이 없나니 쉬지 아니하는 악이요 죽이는 독이 가득한 것이라 ⁹ 이것으로 우리가 주 아버지를 찬송하고 또 이것으로 하나님의 형상대로 지음을 받은 사람을 저주하나니 ¹⁰ 한 입에서 찬송과 저주가 나오는도다 내 형제들아 이것이 마땅하지 아니하니라 ¹¹ 샘이 한 구멍으로 어찌 단 물과 쓴 물을 내겠느냐 ¹² 내 형제들아 어찌 무화과나무가 감람 열매를, 포도나무가 무화과를 맺겠느냐 이와 같이 짠 물이 단 물을 내지 못하느니라

사역 • ¹ 나의 형제들아, 우리가 더 큰 심판을 받을 줄 알고 있으므로 너희는 많이 선생이 되지 말라. ² 왜냐하면 우리 모두가 많은 것을 잘못하고 있기 때문이다. 만일 어떤 사람이 말로써 범죄하지 않는다면, 그 사람은 온몸까지도 재갈과 고삐로 이끌 수 있는 완전한 사람이다. ³ 만일 우리가 말들이 우리에게 복종하도록 하기 위해 말들의 입에 재갈들을 물리고 있다면, 참으로 우리는 그들의 온몸을 지배하고 있다. ⁴ 보라 또한 배들이 매우 클지라도 그리고 강력한 바람에 의해 밀려갈지라도 가장 작은 키에 의해 키잡이(타수, 舵手)의 마음이 원하는 곳으로 항해한다. ⁵ 이와 같이 혀도 작은 지체이나 큰 것들을 자랑한다. 보라 정말 작은 불이 정말 큰 산림을 불태운다. ⁶ 그리고 혀는 불이며, 불의의 세계이다. 온몸을 더럽히고 생의 행로를 불태우며 그리고 지옥에 의해 불태워지는 그 혀

가 우리의 지체들 안에 있다. [7] 왜냐하면 짐승(네발짐승)들과 새들의 본성마다, 기어 다니는 짐승들과 바다 생물들의 본성마다 인간의 본성에 의해 길들여지고 있고 또한 길들여져 왔으나 [8] 아무도 사람들의 혀를 길들일 수 없기 때문이다. (사람의 혀는) 제어할 수 없는(끊임없는) 악이며, 죽이는 독이 가득하다. [9] 우리는 이것으로 주님 곧 아버지를 찬양하고 또한 이것으로 하나님의 형상을 따라 만들어진 사람들을 저주한다. [10] 같은 입으로부터 찬양과 저주가 나온다. 나의 형제들아, 이것들이 이와 같이 되지 않아야 한다. [11] 샘이 같은 구멍으로부터 단물과 쓴물을 분출하느냐? [12] 나의 형제들아, 무화과나무가 올리브 열매를 또는 포도나무가 무화과를 맺을 수 있느냐? 짠 샘도 또한 단물을 뿜어 낼 수 없다.

예수님의 형제이자 예루살렘 교회의 지도자였던 야고보는 신자들의 삶에 대하여 여러 가지 교훈을 합니다. 그중에서도 신자의 '말'의 문제를 매우 심각하고 비중 있게 다룹니다. 그래서 야고보서에는 '말하다'가 최소한 열 번(λαλέω, 1:19; 2:12; 5:10, λέγω, 1:13; 2:3bis, 14, 16; 4:13, 15), '말'이 한 번(3:2), 말과 동의어로 쓰인 '혀'가 다섯 번(1:26; 3:5, 6bis, 8), 말과 관련된 '비방하다'(καταλαλέω)가 세 번(4:11tres.) 나옵니다. 이렇게 해서 야고보서에는 모든 장에 말에 관한 표현이 나오며, 적어도 열아홉 번 이상 언급되고 있습니다.

야고보가 이처럼 말을 중요하게 다룰 수밖에 없는 이유는 우리의 하루 생활 중에 숨 쉬는 것과 눈 깜빡거리는 것 외에 가장 많이 하는 것이 말하는 것이기 때문입니다. 특히 1:26에서 야고보는 신자의 말은 단순히 공기를 통해 청각에 전달되는 물리적인 파장이 아니라 경건과 예배의 문제라고 말씀합니다. 그러므로 말이 경건하지 못하면 경건도 예배도 모두 무너지고 맙니다. 그러니 우리가 언어생활에 얼마나 신중해야 하며 거룩해야 하겠습니까! 그래서 야고보는 3장에서 다시 이 문제를 다룹니다. 이번에는 한 두 구절이 아니라 무려 12절이나 할애하여 매우 길고도 자세하게 신자의 언어생활에 대하여 교훈합니다.

온전한 사람

야고보는 이 교훈을 "되지 말라"($\mu\acute{\eta}$)는 말로 시작합니다(1). 이것은 금지를 위한 경고입니다. 또한 본문의 마지막 절은 '못($\mu\acute{\eta}$) 하느니라'로 마칩니다(12). 이처럼 '되지 말라'로 시작하고 '못 한다'로 마침으로써 본문 전체가 하나의 강력한 금지와 경고의 단락이 되었습니다. 야고보는 '너희 중에 많은 사람들은(many of you) 선생이 되지 말'라고 경고합니다. 이 말은 교회에 가르치는 교사가 필요 없다는 뜻이 아니라 선생이 '많이' 되지는 말라는 말씀입니다.

야고보가 이렇게 말씀한 이유는 "우리가 더 큰 심판을 받을 것을 알고"(1c)라는 말에 있습니다. 그가 많이 선생이 되지 말라고 엄하게 금지한 이유는 선생이 '더 큰 심판'을 받게 될 것이기 때문입니다. 선생 된 자들은 '더 가혹한 형벌'을 받게 될 것입니다. 야고보는 2절에서 그 이유를 자세히 설명합니다. 우리가 다 많은 것을 잘못하는데, 그중에서도 특히 말의 실수가 많기 때문입니다.

'실수하다'($\pi\tau\alpha\acute{\iota}\omega$)라는 말은 일반적으로 용납이 되는 단순 실수가 아니라 범죄를 의미합니다. 그래서 야고보서 2:10에서 이 단어는 하나님의 법을 범한다는 뜻으로 사용되었고, 1절은 이 단어와 '심판'을 연결하고, 10절은 사람의 입에서 나오는 말이 실수 정도가 아니라 해서는 안 되는 '저주'라고 말씀합니다. 따라서 여기서 말로 행하는 실수는 일반적인 실수가 아니라, 말로 범하는 죄를 의미합니다. 야고보는 말로 범죄하지 않는 사람은 온전한 사람이라고 합니다.

온전한 믿음이 행위에 의해 증명되듯이(약 2:22) 온전한 사람은 자신의 말로 확증됩니다. 사람이 온전한지 아닌지를 판단하는 기준은 그 사람의 말입니다. 말이 사람의 온전함을 판단하는 표준입니다. 말이 신앙 인격을 판단하는 기준입니다. 말로 범죄하지 않는 사람은 자신의 온몸도 굴레 씌울 수 있는 능력이 있기 때문입니다. '굴레 씌운다'라는 말은 말의 입에 재갈을 물리고 고삐로 이끈다는 뜻이며 제어한다, 통제한다는 의미입니다. 왜 말이 온전하면 온몸이 온전한 걸까요? 곧 말씀드리겠습니다만, 말이, 혀가 온몸을 지배하기 때문입니다. 그래서 만일 사람이 혀로 범죄하지 않는다면 그 사람은 자신의 온몸을 통제하고 제어할 수 있는 온전한 사람입니다.

혀의 세력(3-5a)

이 사실을 확증하기 위해 야고보는 두 가지 예를 듭니다. 먼저 그는 말과 재갈에 대하여 말씀합니다(3). 우리가 다 알다시피 말은 체구가 크고 힘이 매우 셉니다. 그래서 말은 무거운 사람을 등에 태우고도 거친 들판을 거침없이 내달립니다. 사람은 크기로나 힘으로나 말을 제어할 수 없습니다. 그래서 말을 통제하기 위해 말의 입에 재갈을 물립니다. 재갈은 비록 작은 것이지만 그 작은 것이 크고 힘센 말의 온몸을 통제하고 이끕니다. 작은 재갈이 말의 온몸을 주관합니다.

이어서 야고보는 배와 배의 키를 비유로 듭니다. 배가 아무리 클지라도 그리고 그 배가 매우 강한 바람에 의해 떠밀려 갈지라도 키를 잡은 사람(타수, 舵手)이 그 작은 키를 움직여 그 큰 배를 자기가 원하는 곳으로 항해합니다. 매우 작은 키가 큰 배 전체를 주관합니다. 이처럼 재갈과 키는 매우 작은 지체인데 전체를 지배합니다. 만약에 야고보가 오늘날 사람이었다면 이 점을 설명하기 위해 자동차나 기차나 비행기를 예로 들었을 겁니다. 큰 자동차나 기차나 하늘을 나는 대형 여객기까지도 모두 작은 핸들이나 조종간에 의해 전체가 움직입니다. 그런데 야고보는 사람의 혀가 이와 똑같다고 말합니다.

"이와 같이 혀도 작은 지체로되 큰 것을 자랑하도다"(5a).

혀는 몸의 아주 작은 한 부분입니다. 그러나 그 작은 혀가 큰 것들을 자랑합니다. 말의 입에 물리는 작은 재갈이 크고 힘센 말의 온몸을 휘어잡습니다. 배의 작은 키가 강한 바람에 의해 떠밀려가는 큰 배를 이끌어 갑니다. 이와 같이 작은 혀도 큰 것들을 자랑합니다. '큰 것들'이 무엇인지는 자세히 알 수는 없지만, 아마도 그것은 사람의 온몸을 주관하는 혀의 막강한 세력을 의미하는 것으로 보입니다(cf. 2).

말의 작은 재갈이 말의 온몸을 주관하듯이 사람의 혀도 아주 작은 부분이지만 사람의 온몸(2, cf. 3, 6)을 주관합니다. 사람의 혀는 아주 작은 지체이지만 온몸에 영향을 미칩니다. 작은 혀가 사람을 죽이기도 하고 살리기도 합니다. 작은 키가 큰 배를 이끌어 가듯이 작은 혀가 온몸을 주장합니다. 혀는 작은 부분이지만 온몸을 지배합니다. 이것이 혀의 세력입니다.

혀의 영향력(5b-6)

이처럼 혀는 몸에서 아주 작은 부분이지만 그 세력은 대단히 강력해서 온몸을 지배합니다. 혀의 세력이라는 말은 곧 우리가 하는 말의 힘을 의미합니다. 우리가 매일 수도 없이 쏟아내는 말의 세력은 대단히 큽니다. 그래서 야고보는 혀의 영향력에 대해 한 가지 비유를 들어 설명합니다.

"보라 얼마나 작은 불이 얼마나 많은 나무를 태우는가"(5b).

여러분, 보십시오. 아주 작은 불씨 하나가 아주 큰 산들을 불태웁니다. 작은 성냥불 하나가 큰 산을 몽땅 다 태웁니다. 오래전에 어떤 사람이 아무 생각 없이 던진 작은 담뱃불 하나가 강원도 북쪽 고성에서부터 경북 울진에 이르는 동해안을 따라 백두대간의 어마어마하게 많은 산을 태우고 수많은 피해를 냈습니다. 그런데 야고보는 우리의 혀가 이와 같은 불이라고 말씀합니다.

"혀는 곧 불이요"(6).

혀를 불이라고 한 것은 혀로 행해지는 말의 파괴적인 영향력을 말한 것입니다.

"불량한 자는 악을 꾀하나니 그 입술에는 맹렬한 불같은 것이 있느니라"(잠 16:27).

사람의 혀는 불입니다. 그 혀에서 맹렬한 불같이 태우는 힘이 나옵니다. 혀는 태우는 불이요 불의의 세계입니다. 혀는 우리 몸에 작은 부분이지만 혀가 행하는 말은 온몸을 더럽히고 삶의 수레바퀴, 즉 인생의 전 과정을 불태워 버립니다. 그래서 이 불은 지옥에서 나온 불입니다. 혀는 불이되 지옥에서 나온 불입니다. 지옥 불은 성경에서 일반적으로 밤낮 꺼지지 않고 타오르는 불이며 유황으로 타는 매우 뜨거운 불입니다. 이것은 불의의 혀가 행하는 파괴적인 힘의 영원성과 맹렬함입니다. 불의의 혀는 영원토록 파괴하며 맹렬하게 파괴합니다. 하지만 정작 무섭고 두려운 것은 이처럼 막강한 파괴력을 가진 혀 자체가 아니라 이 혀가 바로 우리 몸 안에 있다는 사실입니다. 혀는 우리 몸의 지체이며 일부이기에 그러면서 꼭 필요한 지체이기에 우리 몸에서 떼어 낼 수 없습니다. 혀는 우리 인생이 다 하는 그날까지 우리 안에 있어야 합니다.

혀는 작은 지체입니다. 그러나 이 작은 혀가 지옥 불이 되어 한 사람의 인생 전체를 더럽히고 불태워 버립니다. 우리가 매일 쉼 없이 쏟아내는 말 때문에 하나님이 창조하신 존귀한 한 인생 전체가 불의의 인생이 되며 타서 없어지고 마는 허무한 인생이 될 수도 있습니다. 이것이 혀의 세력이요 말의 힘입니다. 그러므로 우리는 우리의 말 한마디가 평생 지울 수 없는 상처를 주고 지옥 불과 같은 고통을 주며 인생을 송두리째 불태울 수 있다는 사실을 기억하고 우리의 말을 거룩하고 경건하게 지켜야 합니다.

길들일 수 없다(7-8)

이어서 야고보는 혀가 가진 가장 큰 문제에 대하여 말합니다. 그것은 이렇게 파괴적인 힘을 가진 혀가 우리 몸 안에 있을 뿐 아니라 그것을 길들일 수 없다는 사실입니다.

"여러 종류의 짐승과 새와 벌레와 바다의 생물은 다 사람이 길들일 수 있고 길들여 왔거니와 혀는 능히 길들일 사람이 없나니 쉬지 아니하는 악이요 죽이는 독이 가득한 것이다"(7-8).

짐승(네발짐승)들과 새들과 기어 다니는 짐승들과 바다 생물들의 본성(φύσις)은 인간에 의해 길들여지고 있고 또한 길들여져 왔습니다. 그러나 사람의 혀는 아무도 길들일 수 없습니다.

인간은 많은 동물의 본성을 거슬러 길들이고 지배해 왔습니다. 지금도 그렇게 하고 있습니다. 인간은 다른 피조물들의 본성을 자기들이 원하는 방식과 방향으로 바꾸어 놓습니다. 그러나 동물들이 길들여지는 것과는 달리 인간의 혀는 아무도 길들일 수 없습니다. 인간의 혀는 짐승의 본성보다 더 완강하여 꺾이지 않습니다. 미련하고 우둔한 짐승들의 본성보다 인간의 혀가 더 미련하고 더 우둔합니다. 짐승보다 못한 것이 인간의 혀입니다.

또한 인간의 혀는 제어할 수 없는 악이며, 그 안에 죽이는 독이 가득합니다(8b). 혀는 아무도 길들일 수 없고 죽이는 독을 가득 품은 큰 세력입니다. 그러므로 인간의 혀는 실로 큰 재앙입니다. 인류 최대의 재앙은 허리케인도 아니고 쓰나미도 아니고 핵폭탄도 아닙니다. 놀랍게도 인간 안에 있는 인간 자신의 혀입니다. 그러나 인간 혀의 부정적인 성격은 여기서 멈추지 않습니다.

혀의 모순적인 이중성(9-12)

야고보는 혀의 모순적인 이중성에 대하여 말씀합니다.

"이것으로 우리가 주 아버지를 찬송하고 또 이것으로 하나님의 형상대로 지음을 받은 사람을 저주하나니"(9).

인간은 자신의 혀로 주 곧 아버지를 찬양하고 또한 그 혀로 하나님의 형상을 따라 만들어진 사람을 저주합니다. 우리가 하나님을 찬송한다면 그 하나님의 형상을 따라 창조된 인간을 저주해서도 안 됩니다. 하나님이 자신의 형상을 따라 사람을 창조하셨으므로 우리가 사람을 저주하는 것은 곧 하나님을 저주하는 것이 되기 때문입니다. 그런데도 우리의 혀는 하나님을 찬송하고 또한 거침없이 하나님이 자기의 형상을 따라 창조하신 사람을 저주합니다. 야고보는 이에 대하여 "한 입에서 찬송과 저주가 나오는도다"(10)라고 말합니다. 하나의 입, 즉 같은 입에서 찬양과 저주가 나옵니다. 이것이 인간 혀의 이율배반적이고 모순적인 이중성입니다.

야고보는 "이것이 마땅하지 아니하니라라고 말씀합니다(10b). 이 말은 한 입에서 찬송과 저주가 나오는 것이 옳지 않으므로 그렇게 하지 않아야 한다는 강한 경고입니다. 그러면서 그는 샘과 샘의 물을 비유로 듭니다.

"샘이 한 구멍으로 어찌 단 물과 쓴 물을 내겠느냐"(11).

샘이 같은 구멍에서 단 물과 쓴 물을 분출할 수 없습니다. 절대로 같은 샘에서 두 가지 다른 물이 나올 수 없습니다. 이와 마찬가지로 같은 입으로부터 찬양과 저주가 나올 수 없습니다. 그러므로 우리는 우리의 입으로 하나님을 찬양하면서 또한 그 입으로 형제를 저주하고 욕하고 비난하는 행위를 해서는 안 됩니다.

사실 이런 모순적인 이중성은 원칙적으로 불가능한 일입니다. 한 샘에서 쓴 물과 단 물이 나오는 것이 불가능하듯이 우리의 한 입에서 찬송과 저주가 둘 다 나오는 것은 원리적으로 불가능합니다. 하지만 사람은 이렇게 불가능한 일을 아주 쉽게 하는 대단한 초능력자입니다. 이 사실을 더욱 확고히 하기 위해 야고보는 한 가지 질문을 합니다.

"어찌 무화과나무가 감람 열매를, 포도나무가 무화과를 맺겠느냐"(12).

그럴 수 없습니다. 이와 같이 짠 물을 내는 샘은 단 물을 내지 못합니다(12). 하나의 샘에서 두 종류의 물이 나올 수도 없고 나와서도 안 되듯이, 하나의 입에서 찬송과 저주가 나올 수 없고 나와서도 안 됩니다. 그러나 문제는 이렇게 식물이나 샘에서, 즉 자연계에서조차 일어날 수 없는 일들이 인간의 혀에서 일어나고 있다는 사실입니다.

이것은 인간 혀의 모순적인 이중성입니다. 자연은 이런 모습을 보이지 않습니다. 식물과 샘은 하나님의 창조 질서를 잘 따르고 있습니다. 그러나 우리의 혀는 찬송과 저주를 동시에 내는 모순적인 이중성으로 하나님의 질서를 거역합니다. 그래서 인간의 혀는 짐승만도 못할 뿐 아니라 자연만도 못합니다. 인간의 혀는 길들일 수 있는 짐승만도 못하고 식물만도 못하고 샘만도 못합니다. 이것이 우리 혀의 현실입니다.

맺음말

사람의 혀는 우리의 몸에서 매우 작은 부분입니다. 그러나 그 힘은 엄청나게 큽니다. 혀의 힘에는 긍정적인 힘과 부정적인 힘이 있습니다. 살리는 힘이 있고 죽이는 힘이 있습니다. 야고보는 이번 장의 본문에서 혀의 부정적인 힘에 대해서만 말씀했습니다. 아마도 이 편지를 받는 교회에 말로 인한 많은 범죄가 있었고, 특히 선생 된 자들이 그렇게 했던 것 같습니다. 그래서 그는 말의 부정적인 세력과 그 파괴적인 영향력에 대하여만 엄중히 경고하였습니다.

사람의 혀는 매우 작은 지체지만 온몸을 주관합니다. 그래서 혀는 말의 재갈과 같고 배의 키와 같습니다. 인간의 혀는 막강한 세력을 가지고 있습니다. 이것이 부정적으로 사용되면 맹렬하게 타오르는 지옥 불과 같은 불의의 힘이 되고 파괴하는 힘이 됩니다. 이 경우에 혀는 제어가 불가능한 독선적이고 쉬지 않는 악이며, 하나님의 창조 질서까지도 거스르는 모순적인 이중성을 가지게 됩니다. 하지만 반대로 혀는 긍정의 힘도 가지고 있습니다. 이때에도 혀의 힘은 막강하며 온몸을 주관합니다. 그래서 죽은 자도 살리는 것이 사람의 혀요 말입니다.

우리의 말은 막강한 세력을 가지고 있습니다. 중요한 것은 그 힘을 어떻게 쓰느냐에 있습니다. 혀는 사용하기에 따라 사람을 살리기도 하고 죽이기도 합니다. 그러므로 우리는 죽이는 말을 하지 말고 살리는 말을 해야 합니다. 자녀들에게 '네가 그렇지 뭘 잘할 수 있겠니?'라는 식의 죽이는 말을 하지 말아야 합니다. 대신에 주님이 그 아이 뒤에서 살아 역사하심을 믿는다면 우리는 이렇게 말해야 합니다. "하나님이 너를 사랑하신다. 하나님이 너를 통해 큰일을 행하실 거다. 그러니 용기 잃지 말고 힘내!" 이렇게 말하면 그 아이는 살아납니다. 그리고 진짜로 큰일을 할 겁니다. 왜냐하면 우리의 말에는 강력한 힘이 있기 때문입니다.

말이 씨가 된다는 속담이 있습니다만, 성경에 의하면 이 속담은 맞는 말입니다. 말이 씨 정도가 아니라 나무가 되고 열매가 됩니다. 말은 세력이요 힘이요 능력입니다. 그러므로 우리의 말로 자녀들을 세우고 가정을 세웁시다. 죽이는 말 하지 말고 살리는 말 합시다. 우리 모두가 혀의 힘을 알고 그 힘을 사람을 살리고 교회를 살리고 하나님 나라를 세우는 데 사용하시기를 바랍니다. 우리의 혀를 흥하게 하는 데 쓰고, 위로하고 격려하는 데 쓰고, 하나님을 찬양하고 형제를 높이는 데 쓰시기를 바랍니다. 그리하여 우리의 말이 참된 경건이 되고 우리의 말이 하나님께 드리는 거룩한 예배가 되시기를 간절히 바랍니다.

11

위로부터 난 지혜

야고보서 3:13-18

개역개정 • ¹³ 너희 중에 지혜와 총명이 있는 자가 누구냐 그는 선행으로 말미암아 지혜의 온유함으로 그 행함을 보일지니라 ¹⁴ 그러나 너희 마음 속에 독한 시기와 다툼이 있으면 자랑하지 말라 진리를 거슬러 거짓말하지 말라 ¹⁵ 이러한 지혜는 위로부터 내려온 것이 아니요 땅 위의 것이요 정욕의 것이요 귀신의 것이니 ¹⁶ 시기와 다툼이 있는 곳에는 혼란과 모든 악한 일이 있음이라 ¹⁷ 오직 위로부터 난 지혜는 첫째 성결하고 다음에 화평하고 관용하고 양순하며 긍휼과 선한 열매가 가득하고 편견과 거짓이 없나니 ¹⁸ 화평하게 하는 자들은 화평으로 심어 의의 열매를 거두느니라.

사역 • ¹³ 너희 가운데 지혜롭고 총명한 자가 누구냐? 그는 선한 생활 방식에 의해, 지혜의 온유함으로 그의 행위들을 나타내라. ¹⁴ 그러나 만일 너희가 너희의 마음속에 쓴 질투와 이기심을 가지고 있다면, 너희는 자랑하지 말고 진리를 대항하여 거짓말하지 말라. ¹⁵ 이 지혜는 위로부터 내려오는 것이 아니라 땅에 속한 것이요, 물질적인 것이며, 마귀적인 것이다. ¹⁶ 왜냐하면 질투와 이기심이 있는 곳에, 거기에 무질서와 모든 악한 일이 있기 때문이다. ¹⁷ 그러나 위로부터 온 지혜는 첫째로 거룩하고, 그다음에는 평화롭고 관대하고(친절하고) 온당하며 긍휼과 선한 열매들이 가득하며 편애가 없고 위선이 없다. ¹⁸ 그래서 의의 열매는 평화를 이루는 사람들을 위하여(사람들에 의해) 평화 안에서 뿌려진다.

모든 신자는 지혜로운 사람이 되기를 원합니다. 우리 중 그 누구도 우둔하거나 미련한 자가 되기를 원하지 않습니다. 세상 사람들도 지혜에 관심이 많습니다. 그들은 지혜를 어떻게 이해하고 있을까요? 이것이 궁금해서 인터넷 검색창에 '지혜'라고 쳐보았습니다. 그

랬더니 어떤 현상이 나타났을까요? 예쁜 여자 사진이 여러 개 나타났습니다. 김지혜, 이지혜, 서지혜, 윤지혜 등. 이들은 가수, 성우, 배우, 개그맨, 이런 사람들이었습니다.

인터넷 사전은 지혜를 "사물의 이치나 상황을 제대로 깨닫고 그것에 현명하게 대처할 방도를 생각해 내는 정신의 능력"이라고 설명했습니다. 위키백과사전은 지혜를 "이치를 빨리 깨우치고 사물을 정확하게 처리하는 정신적 능력이다"라고 말했습니다. 공교롭게도 이 두 사전 모두 지혜를 정신적 능력이라고 말했습니다.

사람들은 남들보다 뛰어난 어떤 능력을 갖기를 희망합니다. 기독교 신자들도 예외는 아니어서 이런 저런 능력을 소유하고 행하기를 원합니다. 저도 그렇습니다. 저는 아픈 성도들을 보면 마음이 많이 힘듭니다. 그래서 그분들에게 손을 얹고 병 낫기를 기도하면 모든 질병이 떠나고 건강해져서 마음껏 신앙생활을 하고 자유롭게 사실 수 있다면 얼마나 좋을까 하는 간절한 바람이 있습니다. 하지만 아직은 저에게 그런 능력이 없습니다.

제가 지난 16년 동안 거의 매일 손을 얹고 축복하며 기도해 주는 한 녀석이 있습니다. 저는 그 녀석이 식사할 때 자주 머리에 손을 얹고 건강을 위해 기도해 주었습니다. 그런데도 그 녀석은 지금 매우 아픕니다. 허리는 심하게 꺾였고 시력을 잃어 앞을 보지 못하며 신부전으로 고통 중에 있습니다. 그래도 저는 포기하지 않고 매일 그의 아픈 부위에 손을 얹고 병 낫기를 위해 기도하고 있습니다. 이렇게 제가 간절히 기도해 주는 그 녀석은 바로 우리 집 강아지입니다. 그런데 이렇게 열심히 그리고 간절히 기도해도 병이 낫지 않습니다. 그래서 저는 한 가지 결론을 내렸습니다.

"나는 기도로는 개도 고치지 못하는 목사다."

기도로 개도 낫게 하지 못하는데 하물며 어찌 사람을 낫게 하겠습니까? 하나님은 아직(?) 저에게 이런 능력을 주지 않으셨습니다. 그러면서 깨닫는 교훈이 하나 있습니다. 그것은 바로 "신자는 능력 행하는 자가 아니라 하나님의 성품을 실현하는 자이다"라는 사실입니다.

야고보가 이번 장의 본문에서 말씀하시는 지혜도 이와 같습니다. 하나님이 신자에게 주신 지혜는 능력이 아니라 하나님의 성품입니다. 야고보는 본문에서 이 사실에 대하여 자세히 말씀합니다. 그는 먼저 지혜의 종류에 대하여 말씀합니다. 지혜에는 두 가지가 있습니다. 그것은 위로부터 나지 않은 지혜(15)와 위로부터 난 지혜(17)입니다.

위로부터 나지 않은 지혜(14-16)

첫째는 위로부터 나지 않은 지혜입니다. 야고보는 "모든 좋은 은

사와 온전한 선물이 다 위로부터 빛들의 아버지께로부터 내려오나
니"(약 1:17)라고 말씀합니다. 그러므로 '위로부터'(15, 17)라는 말은 '하
나님께로부터'라는 뜻입니다.

기원

그러면 위로부터 나지 않은 지혜는 어디에서 났을까요? 이것
은 땅 위의 것($\dot{\epsilon}\pi\acute{\iota}\gamma\epsilon\iota o\varsigma$)입니다. 다시 말해 땅에 속한 것입니다. 세
상의 것입니다. 그래서 이 지혜는 정욕의($\psi\nu\chi\iota\kappa\acute{\eta}$) 것이며, 마귀의
($\delta\alpha\iota\mu o\nu\iota\acute{\omega}\delta\eta\varsigma$) 것입니다(15). 하나님의 지혜만 있는 것이 아니라 마귀의
지혜도 있습니다.

특징

이렇게 정욕의 것이며 마귀의 것인 땅 위의 지혜에는 몇 가지 특
징이 있습니다. 야고보는 먼저 "그러나 너희 마음속에 독한 시기와
다툼이 있으면 자랑하지 말라 진리를 거슬러 거짓말하지 말라"(14)
고 말씀합니다. '독하다'라는 말은 11절에 있는 '쓴'이라는 말과 같은
단어입니다. 독한 시기와 다툼은 사람의 마음 안에 자리하고 있습
니다. 우리의 시기와 다툼, 질투와 이기심은 우리 외부에 있지 않고
우리 안에 있습니다. 시기와 다툼은 우리 마음에 자리하고 있습니
다. 모든 죄의 자리는 우리의 마음입니다. 이 사실을 잊어버리면 우
리는 이스라엘 백성처럼 끊임없이 하나님을 원망하고 불평하며 죄

를 짓게 될 겁니다.

그런데 위로부터 나지 않은 지혜의 특징을 독한 시기와 다툼과 자랑과 거짓말이라고 말한 것은 이것이 1–12절에서 말한 혀의 문제와도 관련이 있기 때문입니다. 마음속에 있는 질투와 이기심은 혀를 통해 자랑과 거짓으로 나타나기 때문입니다. 야고보가 혀의 문제에 이어서 지혜의 문제를 다룬 이유가 바로 여기에 있습니다. 땅위의 지혜는 독한 질투와 이기심 때문에 혀로 자신을 자랑하고 거짓말을 쏟아냅니다. 마음의 악함이 혀를 통해 나타납니다.

"자랑하지 말라 진리를 거슬러 거짓말하지 말라"(14)는 말씀은 금지의 명령입니다. 이 명령은 이미 시작된 행위를 중지하라는 명령입니다. 야고보서 수신 교회에는 이미 이런 자랑과 거짓말이 넘쳐나고 있었습니다. 교회에 선한 행실은 사라지고 질투와 이기심이, 시기와 다툼이 가득했습니다. 이것은 땅에 속한 지혜인데, 신자도 얼마든지 이런 마귀의 지혜로 범죄할 수 있다는 사실을 기억해야 합니다.

결과

그러면 이와 같은 땅 위의 지혜가 가져오는 결과는 무엇일까요? 야고보는 16절에서 이렇게 말씀합니다.

"왜냐하면 시기와 다툼이 있는 곳에, 거기에 무질서와 모든 악한 일이 있기 때문입니다"(16).

'무질서'(ἀκαταστασία)는 야고보서 1:8; 3:8에 이미 언급되었습니다. 1:8에서는 믿음이 없는 사람이 두 마음을 품어 모든 일에 정함이 없는 것을 설명할 때 쓰였고, 3:8에서는 혀는 제어할 수 없는(쉬지 않는) 악이라고 할 때 사용되었습니다. 따라서 시기와 다툼이 있는 곳에는 신뢰가 없고 쉼이 없습니다. 또한 독한 시기와 다툼이 있는 곳에는 '모든 악한 일들'이 있습니다. 위로부터 하나님에게서 내려오는 것은 선한 것이요 온전한 것(약 1:17)인 반면에 땅에 속하여 마귀에게 속한 지혜는 악한 것입니다. 하나님은 선하십니다. 그러나 마귀는 악합니다. 그래서 마귀가 하는 '모든' 일은 다 악합니다.

위로부터 난 지혜(17-18)

기원

둘째는 위로부터 난 지혜입니다. 위로부터 났다는 말은 지혜의 신적 기원을 강조합니다. 위로부터 난 지혜는 하나님에게서 나온 지혜입니다.

특징

이 지혜는 온유합니다.

"지혜의 온유함으로"(13).

또한 야고보는 17절에서 위로부터 난 지혜에 대하여 여러 가지로 말씀합니다.

"오직 위로부터 난 지혜는 첫째 성결하고 다음에 화평하고 관용하고 양순하며 긍휼과 선한 열매가 가득하고 편견과 거짓이 없나니"(17).

하나님께로부터 난 지혜는 거룩합니다. 하나님에게서 난 지혜는 순결하고 순전하며 깨끗하고 성결합니다. 하나님이 거룩하시니 하나님에게서 나온 지혜 역시 거룩할 수밖에 없습니다. 거룩하지 않은 것은 그 어떤 것도 결코 하나님에게서 온 것이 아닙니다. 하나님은 거룩하지 않은 것과는 전적으로 무관하십니다.

또한 하나님에게서 온 지혜는 화평하고 관용하고 양순합니다 (17b). '화평하다'라는 말은 16절의 땅 위의 지혜인 혼란(무질서)과 대조됩니다. 평화는 하나님이 정하신 질서를 잘 따르는 것입니다. 가정에도 하나님이 정하신 질서가 있고 교회에도 하나님이 정하신 질서가 있습니다. 하나님께 순종함으로 이 질서를 잘 지킬 때 가정과 교회는 화평하게 됩니다.

'관용하다'라는 말은 호전적이지 않고 대신에 관대하며 친절하다는 말입니다. 말만 하면 싸우려는 사람이 있습니다. 이런 사람은 싸우려고 말을 하는 사람처럼 보입니다. 이런 사람은 관용이 없거나 부족한 사람입니다.

'양순하다'(εὐπειθής)라는 말은 양보하고(willing to yield), 고분고분하며(compliant), 순종적인(submissive) 것을 뜻합니다.

더 나아가서 위로부터 오는 지혜는 긍휼과 선한 열매들이 가득하며(17c, cf. 8), 편애(편견)가 없고(ἀδιάκριτος) 위선(거짓)이 없습니다(ἀνυπόκριτος).

하나님의 성품

이와 같은 지혜의 특징들은 지혜에 관한 매우 중요한 사실을 알려줍니다. 먼저 지혜는 복수가 아니라 단수입니다. 야고보는 분명 하나님께로부터 온 지혜를 아홉 가지로 설명합니다. 하지만 그는 이 아홉 가지를 위로부터 난 지혜'들'이라고 하지 않고 위로부터 난 '지혜'(ἡ σοφία)라고 말씀합니다(17, cf. 15). 그는 지혜를 복수가 아닌 단수로 취급합니다. 따라서 이 아홉 가지는 각각의 아홉 가지 지혜를 말하는 것이 아니라 하나의 지혜에 들어있는 아홉 가지 특성(맛)을 가리킵니다. 그래서 이 지혜를 실천하는 것을 의의 '열매'라고 합니다.

또한 하나님에게서 온 지혜는 능력이 아니라 하나님의 성품입니다. 땅에 속한 지혜의 특징인 시기와 다툼, 질투와 이기심이 능력이 아니라 성품이듯이, 위로부터 오는 지혜도 성품입니다. "위로부터 난 지혜는 첫째 성결하고 다음에 화평하고 관용하고 양순하며 긍휼과 선한 열매가 가득하고 편견과 거짓이 없다"(17)고 말씀합니다. "위로부터 난 지혜는 이러이러하다"라는 말씀입니다. 이것은 지혜가 무엇이냐에 대한 정의입니다.

그런데 그 내용을 보면 모두 다 성품에 관한 것입니다. 위로부터 나오는 지혜는 하나님에게서 온 지혜이므로 이 지혜를 설명한 성품은 당연히 하나님의 성품입니다. 지혜는 하나님의 성품이 배제된 단순한 지식을 의미하지 않습니다. 위로부터 내려온 지혜는 하나님의 성품입니다. 그리고 이 지혜를 가진 자는 능력을 행하는 자가 아니라 이 성품들을 자신의 인격과 삶에서 실현하고 표현하는 자입니다. 이런 사람이 바로 신자입니다.

이것은 성령의 열매(단수!)가 하나님의 성품의 표현이며 실현인 것과 같습니다. 성령의 열매는 사랑, 희락, 화평, 인내, 자비, 양선, 충성, 온유, 절제입니다. 그래서 흔히들 성령의 열매가 9가지라고 말합니다. 그러나 성경에 보면 성령의 열매도 지혜와 마찬가지로 '단수'로 되어 있습니다. 그래서 성령의 '열매'들'이 아니라 성령의 '열매(ὁ καρπὸς τοῦ πνεύματος, 갈 5:22)입니다.

그리고 위로부터 난 지혜와 성령의 열매 사이에는 화평, 선함, 온유함 등과 같은 특성들이 일치합니다. 그래서 위로부터 난 지혜는 '성령의 열매'와 병행하여 '의의 열매'(18, καρπὸς δικαιοσύνης)라고 불립니다. 성령의 열매가 하나님의 성품의 표현이듯이 위로부터 오는 지혜의 열매인 의의 열매도 하나님의 성품의 표현이며 실현입니다.

여러분, 야고보가 말씀하는 하나님이 주신 지혜는 능력이 아니라 하나님의 성품입니다. 그러므로 신자는 능력을 행하는 자가 아니라 자신의 인격과 삶 속에서 하나님의 성품을 실현하고 이루는 자입니다.

결과

이제 야고보는 결론으로 위로부터 난 지혜, 다시 말해 하나님에게서 온 지혜의 결과(δέ, 그래서)에 대하여 말씀합니다.

"화평하게 하는 자들은 화평으로 심어 의의 열매를 거두느니라"(18).

하나님이 주신 지혜가 가져오는 결과는 '의의 열매'입니다. 성령의 열매가 성령께 순종하는 신자가 거두는 결실이듯이, 의의 열매는 위로부터 온 지혜를 따라 사는 신자가 거두는 결실입니다. 땅에 속한 지혜는 독한 시기와 다툼을 일으킵니다. 그러나 위로부터 난 지혜를 받은 신자는 화평하게 하는 자들입니다. 그들은 화평으로 심고 의의 열매를 거둡니다.

맺음말

지혜는 땅에서 난 지혜와 위로부터 난 지혜가 있습니다. 땅에서 난 지혜는 독한 시기와 다툼이며, 자랑과 거짓말이며, 정욕과 마귀의 것입니다. 그래서 이 지혜는 혼란과 무질서와 악한 일들을 초래합니다. 하지만 위로부터 난 지혜는 온유하고 거룩하며 평화와 관용과 양순과 긍휼과 선함과 차별이 없고 거짓이 없습니다. 이 지혜는 의의 열매를 맺습니다. 세상은 능력이 지혜라고 말합니다. 그러나 성경은 하나님의 성품이 지혜라고 말씀합니다. 지혜롭게 사는 것은 능력을 행하는 것이 아니라 성령의 도우심으로 우리의 인격과 행위에서 하나님의 성품을 이루는 것입니다. 그리고 이 일은 결국 관계 속에서 성취됩니다.

하나님을 믿는 우리는 어떤 열매를 거두어야 할까요? 성령으로 충만한 사람이 되어 성령의 열매를 거두어야 하고, 하나님이 주신 지혜로 충만하여 의의 열매를 거두어야 합니다. 이 두 가지 열매는 모두 하나님의 성품을 우리 인격과 삶 속에 이루고 성취하는 것입니다. 하나님이 우리에게 주신 지혜는 질투와 다툼이 아니라 하나님의 성품이며, 신자는 이 지혜를 인격과 삶에서 이룸으로써 의의 열매를 맺는 자라는 사실을 기억하시기 바랍니다. 우리는 땅에 속한 자가 아니라 하늘에 속한 자입니다. 우리는 질투와 이기심으로 다투고 거짓을 말하는 마귀에게 속한 자가 아니라 의와 평화와 온유함과 거룩과 관용과 긍휼의 하나님께 속한 자입니다. 그러므로 우리 모두가 지혜로운 신자가 되어 만나는 모든 분과 화평하시고 의의 열매를 거두는 삶이 되시기를 주님의 이름으로 축복합니다.

12

더욱 큰 은혜를 주시나니

야고보서 4:1–6

개역개정 • ¹ 너희 중에 싸움이 어디로부터 다툼이 어디로부터 나느냐 너희 지체 중에서 싸우는 정욕으로부터 나는 것이 아니냐 ² 너희는 욕심을 내어도 얻지 못하여 살인하며 시기하여도 능히 취하지 못하므로 다투고 싸우는도다 너희가 얻지 못함은 구하지 아니하기 때문이요 ³ 구하여도 받지 못함은 정욕으로 쓰려고 잘못 구하기 때문이라 ⁴ 간음한 여인들아 세상과 벗된 것이 하나님과 원수 됨을 알지 못하느냐 그런즉 누구든지 세상과 벗이 되고자 하는 자는 스스로 하나님과 원수 되는 것이니라 ⁵ 너희는 하나님이 우리 속에 거하게 하신 성령이 시기하기까지 사모한다 하신 말씀을 헛된 줄로 생각하느냐 ⁶ 그러나 더욱 큰 은혜를 주시나니 그러므로 일렀으되 하나님이 교만한 자를 물리치시고 겸손한 자에게 은혜를 주신다 하였느니라

사역 • ¹ 너희 가운데 싸움들이 어디서부터 나며 다툼들이 어디서부터 나느냐? 이것으로부터, 너희의 지체들 안에 있는 너희의 싸우는 욕망들로부터 (나는 것이) 아니냐? ² 너희가 열망하나 너희는 가지지 못하고 너희가 살인한다. 또한 너희가 질투하나 너희는 얻지 못하고 너희가 다투고 너희가 싸운다. 너희가 구하지 않기 때문에 너희는 가지지 못한다. ³ 너희가 구하나 너희가 받지 못한다. 왜냐하면 너희들의 쾌락들을 위해 너희가 허비하려고 너희가 악하게 구하기 때문이다. ⁴ 간음한 여인들아. 너희는 세상의 친구가 하나님의 원수라는 것을 알고 있지 않느냐? 그러므로 누구든지 세상의 친구이기를 원하는 자마다 하나님의 원수가 된다. ⁵ 또는 너희는 성경이 "그개(하나님이) 우리 안에 거하게 하신 영을 그가 질투하기까지 사모한다"라고 헛되이 말한다 생각하느냐? ⁶ 심지어 그는 더 큰 은혜를 주신다. 그러므로 그가 말한다. "하나님이 교만한 자들에게 대적하신다. 그러나 그가 겸손한 자들에게 은혜를 주신다."

야고보는 3:13-18에서 땅 위의 지혜와 위로부터 난 지혜에 대하여 말씀했습니다. 땅 위의 지혜는 질투와 다툼과 자랑과 거짓과 같은 마귀의 성품입니다(14, cf. 요 8:44). 반면에 위로부터 난 지혜는 온유함(13), 거룩, 화평, 관용, 양순, 긍휼, 선함, 차별이 없음과 거짓이 없음입니다. 이것은 하나님의 성품입니다. 그러므로 야고보는 지혜는 능력이 아니라 성품이라고 말씀합니다. 그리고 그는 지혜에 대한 결론으로 화평하게 하는 자들은 화평으로 심어 의의 열매를 거둔다고 말씀합니다(3:18). 신자는 지혜로운 사람이며 따라서 화평케 하여 의의 열매를 산출하는 사람입니다.

성도들 사이의 싸움과 다툼(1)

그런데 놀랍게도 바로 이어지는 4:1에서 야고보는 매우 격한 목소리로 "너희 중에 싸움들이 어디로부터 나며 다툼들이 어디로부터 나느냐"(1)라고 따져 묻습니다. 2절에서는 이 순서를 바꾸어 다시 한 번 '다투고 싸우는도다'라고 말하며, 심지어 살인한다고까지 말씀합니다. 하나님의 성품을 따라 화평해야 하는 성도들이 도리어 마귀의 성품을 따라 심히 질투하며 싸우며 다투고 살인하고 있었습니다.

이 싸움(πόλεμος)은 가벼운 말다툼 정도가 아니라 전쟁을 의미합니다. '싸우는 정욕'(1)의 '싸우는'(στρατευομένων)도 전쟁을 수행하다

(combat, wage war)는 뜻입니다. 이처럼 야고보는 성도들 사이의 험악한 싸움과 다툼을 전쟁 용어로 표현하고 있습니다. 게다가 그가 싸움들(πόλεμοι)과 다툼들(μάχαι)이라고 복수로 표현한 것은 이러한 싸움이 반복되고 있었다는 뜻입니다. 나아가서 '싸움'(πόλεμος)은 남성명사이고 '다툼'(μάχη)은 여성명사인데, 이 둘을 나란히 싸움과 다툼이라고 표현한 것을 보면 그들은 남녀를 가리지 않고 싸우고 있었습니다. 그러므로 이들의 싸움과 다툼은 매우 날카롭고 심각하며 오래 지속되고 있었습니다(1-2절의 현재시제).

싸움과 다툼의 원인(1)

그러면 이들은 왜 이렇게 싸우고 다투었을까요? 야고보가 직접 알려줍니다.

"너희 지체 중에서 싸우는 정욕으로부터 나는 것이 아니냐?"(1b).

여기서 정욕은 욕망을 말합니다. 야고보는 2절에서 이들의 욕망이 무엇인지를 말씀합니다.

"너희는 욕심을 내어도 얻지 못하여 살인하며, 시기하여도 능히 취하지 못하므로 다투고 싸우는도다"(2).

그들은 얻지 못하며, 취하지 못하기 때문에 다투고 싸웠습니다. 그러므로 그들의 욕망은 무엇을 소유하려는 소유욕입니다. 그들은 뭔가를 갖기 위해 욕심을 냈습니다. 그러나 그것을 얻지 못하자 살인했습니다(2). 이것은 실제로 사람을 죽이는 것을 의미하기보다는 분노나 좌절된 욕망에서 일어나는 극단적인 행위를 의미합니다(cf. 2:11). 또한 다른 사람에게 있는 것을 가지고 싶어 질투해도 취하지 못하자 다투고 싸웠습니다.

가지지 못한 이유(2b)

야고보는 그들이 가지지 못한 이유에 대하여 말씀합니다.

"너희가 얻지 못함은 구하지 아니하기 때문이요"(2b).

그들은 가지기를 간절히 원하면서도 기도는 하지 않았습니다. 대신에 그들은 싸우고 다투었습니다. 박윤선 목사는 이렇게 말했습니다.

"언제나 사람이 탐심에 불타면 기도할 시간을 내지 않고 덤빈다."

소유하려는 욕망과 소유하지 못한 것에 대한 질투로 벌어진 싸움, 이것을 예방하는 대책은 기도입니다. 여러분, 간절히 원하는 것이 있으면 욕심내거나 질투하여 싸우지 말고 기도하십시오. 이것이 신자의 필요를 채우시는 하나님의 방법입니다.

> "너희 중에 누구든지 지혜가 부족하거든 모든 사람에게 후히 주시고 꾸짖지 아니하시는 하나님께 구하라 그리하면 주시리라"(약 1:5).

어디 지혜뿐이겠습니까? 부족한 것을 채우기 원한다면 하나님께 기도하십시오. 하나님은 믿음으로 구하는 모든 사람에게 꾸짖지 아니하시고 두 마음이 아닌 한 마음으로 후히 주십니다. 기도는 간절히 바라는 것을 얻는 은혜의 통로입니다. 그리고 이렇게 기도해야 하는 근본적인 중요성은 신자 개인보다 교회 공동체에 있습니다. 신자의 기도는 신자들 간에 싸움과 다툼을 멈추게 하는 하나님의 은혜의 방편이기 때문입니다. 신자의 기도는 다툼을 없애고 교회 공동체를 하나 되게 합니다. 그러므로 교회의 연합을 위하는 신자는 욕심내고 질투하는 대신에 기도하는 신자입니다.

구하여도 받지 못하는 이유(3)

하지만 구해도 받지 못하고 결국 가지지 못하는 경우도 많습니다. 그래서 또 다투고 싸웁니다. 왜 구하여도 받지 못할까요? 그 근본 이유는 잘못 구하기 때문입니다(3). 이 말은 악하게 구하며 잘못

된 동기로(NIV) 구한다는 뜻입니다. 그들은 자신들의 정욕, 다시 말해 쾌락(ἡδονή)을 위해 허비할 목적으로 하나님께 구했습니다. 그들의 기도는 자신들의 쾌락을 위해 허비할 것을 구하는 수단에 지나지 않았습니다. 이런 기도를 하나님이 들어주실 리가 없습니다. 하나님은 온갖 좋은 은사와 온전한 선물을 주시는 분입니다(약 1:17). 그러므로 하나님을 거스르고 세상과 짝하기 위해 구하면 하나님이 주실 리가 만무합니다.

세상의 친구, 하나님의 원수(4)

이 말씀을 한 야고보는 4절에서 갑자기 "간음한 여인들아"라고 말합니다. 이 말은 실제로 간음한 여인들을 지칭하는 것이 아니라 세상과 친구 되어 하나님과 원수 된 사람들을 가리킵니다. 왜냐하면 '간음한 여인들아'에 이어서 "세상과 벗된 것이 하나님과 원수 됨을 알지 못하느냐"라고 말씀하기 때문입니다. 이들은 욕망을 채우기 위해 싸우고 다투었으며 쾌락을 위해 허비할 목적으로 기도했습니다. 결과적으로 이들의 기도는 세상과 벗이 되고 하나님과 원수 되기 위한 기도였습니다. 그들은 정말 무서운 기도를 했고 망할 기도를 한 것입니다. 우리는 이 일을 남의 일로만 생각하면 안 됩니다. 우리도 자주 쾌락을 위해 허비할 목적으로 기도할 수 있기 때문입니다. 기도의 내용은 그렇지 않을지라도 마음에 중심을 보면 무섭고도 망할 기도를 할 때가 참 많이 있다는 생각이 듭니다. 하나님은 이런 기도에 절대로 응답하지 않으십니다. 하나님이 이렇게 응답하시지 않는 것이 은혜입니다. 이 은혜가 있기에 우리가 망하지 않는 것입니다.

하지만 오해하지 말아야 할 것도 있습니다. 기도해도 받지 못한 모든 것이 다 쾌락을 위한 기도요 망할 기도라는 말씀은 아닙니다. 정말 선한 의도로 구해도 받지 못할 때도 많습니다. 우리가 선한 의도로 기도한다고 해서 구하는 족족 하나님이 다 주시는 것은 아닙니다. 하나님은 지혜의 하나님이십니다. 지혜의 하나님은 구하는 것을 주시는 것이 아니라 지혜를 따라 가장 선하고 온전한 것을 주십니다(약 1:17). 기도의 응답도 하나님의 지혜와 성품과 주권 아래에 있습니다. 분명, 하나님은 가장 자비하시고 긍휼히 여기시는 분이십니다(약 5:11). 그러나 하나님은 하나님의 성품과 지혜를 따라 이 모든 것을 조정하시고 가장 합당한 때에 가장 선하고 온전한 것으로 주십니다.

더 큰 은혜를 주신다(5-6)

그러므로 우리는 이 말씀을 꼭 기억해야 합니다.

"하나님이 교만한 자를 물리치시고 겸손한 자에게 은혜를 주신다 하였느니라"(6).

하나님은 교만한 자를 대적하시지만, 겸손한 자에게는 은혜를 주십니다. 하나님은 대적도 하시고 주기도 하시는 분입니다. 교만한 자는 육체와 물질의 욕망을 채우기 위해 싸우고 다투는 사람입니다. 이 사람은 쾌락을 위해 허비할 목적으로 기도하는 사람입니다. 이 사람은 세상과 친구가 되고 하나님과는 원수 된 사람입니다. 반대로 겸손한 자는 욕망을 내려놓고 선하고 온전한 것을 하나님께 구하므로 하나님과 친구 된 사람입니다. 하나님은 이러한 신자들에게 은혜를 주십니다.

또한 하나님은 은혜를 주시되 '더욱 큰' 은혜를 주십니다. 교만한 자(ὑπερήφανος)는 자신을 높이(ὑπέρ) 드러내는(φαίνω) 사람입니다. 그가 육체적이고 물질적인 것을 욕심내며, 그러다가 세상과 벗이 되는 이유는 자신을 높이려고 하는 데 있습니다. 그러나 겸손한 신자는 낮은 자리에서 높이 계시는 하나님을 쳐다보는 사람입니다. 하나님을 바라는 사람입니다. 은혜는 위를 쳐다보고 하나님을 바라는 자에게 주어집니다. 6절을 주목하십시오.

"그가 더욱 큰 은혜를 주시나니 … 하나님이 … 은혜를 주십니다."

하나님은 더욱 큰 은혜를 주시고 또 은혜를 주시는 분입니다. 하나님은 교만하여 자신의 쾌락을 추구하고 세상과 친구 된 자들을 대적하십니다. 그러나 이것이 이번 장의 본문의 핵심 내용이 아닙니다. 하나님은 은혜를 주시고 또 주십니다. 이것이 이번 장의 말씀의 중심 주제입니다.

하나님은 주시는 분이십니다. 하나님은 후히 주시고 꾸짖지 아니하십니다(약 1:5). 하나님은 자기를 사랑하는 자들에게 생명의 면류관을 주십니다(약 1:12). 하나님은 온갖 좋은 은사와 온전한 선물을 내려주십니다(약 1:17). 하나님은 비를 주어 땅이 열매를 맺게 하십니다(약 5:18). 이처럼 하나님은 주시는 하나님이십니다.

하나님은 이렇게 주시는 분이시되, '은혜'를 주시는 하나님이십니다. 하나님의 우선적인 관심은 거만한 자를 대적하는 데 있지 않고 겸손한 자들에게 은혜를 주시는 데 있습니다. 하나님의 관심은 사탄이 하늘에서 땅에 떨어지는 데 있지 않고 땅에 있는 우리의 이름이 하늘에 기록되는 데 있듯이(눅 10:17-20), 교만한 자를 대적하는 데 있지 않고 겸손한 신자들에게 '더욱 큰' 은혜를 베푸시는 데 있습니다.

저의 이야기여서 말씀드리기 심히 조심스럽습니다만, 하나님이 저에게 베풀어 주신 '더욱 큰' 은혜를 잠시 나누고자 합니다. 합신 목회학 석사 3년과 신학 석사 2년을 다 마친 후에 박사과정 진학을 앞에 놓고 심한 고민에 빠졌습니다. 가정 형편을 보면 더 이상 공부할 수 있는 상황이 아니었습니다. 그런데도 제 마음속에는 더 공부하고 싶은 마음이 간절했습니다. 이때 한 가지 심각한 질문이 제 안에 일어났습니다. 그것은 '내가 더 공부하고 싶은 것이 나의 욕심 때문이 아닌가?' 하는 것이었습니다. 지식욕도 탐욕이 될 수 있고, 학벌이 탐욕이 될 수 있고, 더 많은 것을 알아 더 많은 것을 전달하려는 것도 탐심이 될 수 있기 때문이었습니다. 저는 이 질문에 저 자신이 자유롭지 못하다는 것을 느꼈고 많이 갈등하고 생각하게 되었습니다. 그러다가 한 가지 결심을 하고 하나님께 이렇게 기도했습니다.

"하나님, 만일 이 일이 저의 탐욕에서 나온 것이라면 언제든지 그만두겠습니다. 저의 가정형편이 지금도 매우 어려운데 만일 빚을 더 지게 되면 그것이 탐욕이며, 거기까지 하라는 주님의 뜻으로 알고 조금도 미련 없이 내려놓겠습니다."

이 기도를 한 후에 저의 마음은 정말 홀가분하고 평안했습니다. 제가 사역하던 교회에서 저의 형편을 알고 입학에 필요한 경비의 상당 부분을 감당해 주었습니다. 그리고 교회가 이 일을 처리하는 과정에서 어떤 권사님이 저의 형편을 알게 되었습니다. 그 권사님이 어느 날 저에게 전화를 했습니다. 그리고 학위를 마칠 때까지 매학기 등록금의 75%에 해당하는 엄청난 돈을 장학금으로 주시겠다고 말씀하셨습니다.

저는 깜짝 놀랐습니다. 그 권사님의 형편을 제가 잘 알고 있었기 때문입니다. 남편분이 공무원이었는데 일찍 돌아가셨고, 권사님은 매달 나오는 얼마 안 되는 연금으로 생활하고 계셨습니다. 그런데 어떻게 그 많은 돈을 감당하실 수 있겠습니까? 저는 감사한 마음으로 정중히 거절했습니다. 하지만 권사님의 마음은 이미 결정된 상태였습니다. 아마도 그 권사님은 연금을 담보로 대출을 받아 저에게 주신 것으로 알고 있습니다. 그리고 나머지 부족분은 또 다른 권사님이 담당해 주셨습니다.

이분들의 헌신으로 전혀 빚지지 않고 학업을 마쳤고 지금 하나님이 주신 목회자를 양성하는 부르심의 길을 가고 있습니다. 저는 이 사명을 이루는 데 저의 평생을 드릴 겁니다. 제가 학위 논문을 쓰는 중에 상당히 규모가 있는 두 교회에서 저를 담임목사로 청빙했습니다. 주변에서 교회를 맡으라는 권유도 있었지만, 저를 후원하신 그 권사님들을 생각하면 그럴 수 없었습니다. 끝까지 마쳐 그분들께 열매를 안겨 드리고 싶었습니다. 그리고 감히 말씀을 드리자면, 지금 그 열매를 많은 사람들과 함께 나누고 있습니다. 그리고 저의 제자들을 통해 또 다른 열매들이 계속 맺혀지고 있습니다. 이 모두가 그 권사님들의 헌신의 열매입니다. 내 마음에 원함이 있으나, 그것이 욕망일 수도 있다는 생각에 기쁘게 내려놓고 하나님께 구했더니 하나님은 '더 큰' 은혜를 저에게 베풀어 주셨던 것입니다.

맺음말

사람은 누구나 가지고 싶거나 더 가지고 싶은 욕구가 있습니다. 우리는 이 욕구가 하나님의 선하심과 온전하심에서 나온 것인지 아니면 자신의 정욕과 쾌락을 위한 것인지를 정확하게 살피고 판단해야 합니다. 만일 그것이 선하고 온전하여 하나님의 영광을 위한 것이면 하나님께 구하십시오. 그러나 쾌락과 헛된 욕망이거나 그럴지도 모른다는 생각이 들면 그 즉시 내려놓으십시오. 그렇지 않으면 그것을 얻기 위해 싸우고 다툴 것이며 세상과 벗이 되고 하나님의 원수가 되고 말 겁니다.

이렇게 욕망을 접고 내려놓는 사람이 하나님 앞에 겸손한 사람이며, 망할 것을 가지고 자랑하며 자신을 높이는 자는 교만한 사람입니다. 하나님은 교만한 자를 대적하십니다. 하나님이 그를 물리치십니다. 그러나 겸손한 사람에게 은혜를 주시되 더욱 큰 은혜를 주십니다. 하나님은 어제보다 오늘 더 큰 은혜를 주시며, 오늘보다 내일 더 큰 은혜를 주십니다.

지혜에 두 가지가 있듯이 사람도 두 종류가 있습니다. 세상과 벗이 되고 하나님과 원수 된 사람이 있습니다. 반대로 하나님과 벗이 되고 세상과 원수 된 사람이 있습니다. 소유하고 싶은 우리의 열망이 쾌락을 위한 것이 아니기를 바랍니다. 오히려 우리의 부족함이 하나님께 기도하게 하며 하나님과 벗이 되는 은혜의 통로가 되시기를 바랍니다. 그리하여 하나님으로부터 날마다 더욱 큰 은혜를 받고 누리는 우리 모두가 되시기를 바랍니다.

13 주 앞에서 낮추라

야고보서 4:7-10

개역개정 • ⁷ 그런즉 너희는 하나님께 복종할지어다 마귀를 대적하라 그리하면 너희를 피하리라 ⁸ 하나님을 가까이하라 그리하면 너희를 가까이하시리라 죄인들아 손을 깨끗이 하라 두 마음을 품은 자들아 마음을 성결하게 하라 ⁹ 슬퍼하며 애통하며 울지어다 너희 웃음을 애통으로, 너희 즐거움을 근심으로 바꿀지어다 ¹⁰ 주 앞에서 낮추라 그리하면 주께서 너희를 높이시리라

사역 • ⁷ 그러므로 너희는 하나님께 복종하라. 그러나 너희는 마귀에게 대적하라. 그리하면 그가 너희에게서 달아날 것이다. ⁸ 너희는 하나님에게 가까이하라. 그리하면 그가 너희에게 가까이하실 것이다. 너희는 손들을 깨끗이 하라, 죄인들아. 또한 너희는 마음들을 성결하게 하라, 두 마음을 품은 자들아. ⁹ 너희는 슬퍼하라 그리고 너희는 탄식하라 그리고 너희는 울어라. 너희의 웃음은 애통으로 바뀌게 하라. 그리고 기쁨은 우울함으로 (바뀌게 하라). ¹⁰ 너희는 주님 앞에서 겸손하라. 그리하면 그가 너희를 높이실 것이다.

세상은 사람을 인종이나 성이나 피부색이나 신분 등에 따라 다양하게 나눕니다. 그러나 하나님께는 오직 두 종류의 사람만 있습니다. 하나는 세상과 벗이 되고 하나님과 원수 된 사람이며, 다른 하나는 세상과 원수 되고 하나님과 벗이 된 사람입니다(약 4:4). 하나님은 세상과 벗이 된 사람을 교만한(ὑπερήφανος) 자라고 말씀합니다. 그는 자신을 높이 드러내기 위해 세상을 따라가기 때문입니다. 하나님은 이런 사람을 물리치십니다. 반면에 하나님은 하나님과 벗이 된 사람

을 겸손한(ταπεινός) 사람이라고 말씀하십니다. 야고보는 이번 장의 본문에서 겸손한 사람이 어떤 사람인지에 대하여 말씀합니다.

겸손한 사람(7-9)

하나님께 복종함(7a)

첫째로 겸손한 사람은 하나님께 복종하는 사람입니다. 7절은 '그러므로'라는 말로 시작합니다. 이것은 하나님이 교만한 자들을 대적하시고 겸손한 자들에게 은혜를 주시므로(6b), 그러므로 하나님께 복종하라는 말입니다. 따라서 겸손한 사람은 하나님께 복종하는 사람입니다. 겸손은 복종과 직결됩니다. 하나님께 겸손한 자가 하나님께 복종하지 않는다는 것은 있을 수 없습니다. 그러면 하나님은 어떤 분이시기에 우리가 복종해야 할까요? 야고보서는 매우 여러 가지 면으로 하나님에 대하여 설명합니다.

먼저, 하나님은 한 분이십니다. 야고보는 "네가 하나님은 한 분이신 줄을 믿느냐 잘하는도다 귀신들도 믿고 떠느니라"(약 2:19)라고 말씀합니다. 하나님은 유일하신 하나님이십니다. 귀신들도 하나님이 유일하신 하나님인 줄 믿고 떱니다. 그러므로 신자인 우리는 당연히 마음을 다하고 뜻을 다하고 힘을 다하여 하나님 여호와를 사랑해야 합니다(신 6:5). 사랑은 복종입니다. 복종하지 않은 채 사랑한다고 하는 것은 거짓말입니다(cf. 엡 5:22-33).

또한 하나님은 우리의 아버지이십니다(약 1:17, 27; 3:9). 하나님이 진리의 말씀으로 우리를 낳으셨습니다(1:18). 자녀는 마땅히 아버지를 공경하고 복종해야 합니다(요 5:23; 8:49; cf. 엡 6:1). 하나님은 심판하시는 분입니다(약 5:9, 10). 하나님이 장차 우리를 심판하실 분인 줄 정말 믿는다면 우리는 당연히 오늘 하나님께 복종해야 합니다. 하나님은 결말을 내시고 성취하시는 분입니다(약 5:11a). 우리의 인생 전체가 하나님의 손안에 있습니다. 우리의 인생을 성취하시고 완성하시는 분은 하나님이십니다. 그러니 우리는 하나님을 의지하고 복종해야 합니다. 하나님은 우리 기도의 대상입니다(약 1:5; 2:23; 5:14). 하나님께 참으로 구하는 자가 하나님께 교만하고 불순종할 수 있을까요? 하나님은 입법자와 재판자이시며, 구원하기도 하시고 멸하기도 하십니다(4:12, cf. 2:8). 그러므로 겸손한 자는 당연히 하나님께 복종해야 합니다.

이처럼 야고보는 하나님을 매우 다양한 측면에서 설명합니다. 이렇게 할 수밖에 없는 것은 하나님은 한두 마디 말로 다 설명할 수 있는 분이 아니기 때문입니다. 하나님은 너무나 광대하셔서 사람이 다 측량할 수 없습니다(시 145:3). 그러므로 우리는 하나님께 복종해야 합니다. 하나님께 복종하는 것은 비굴함이 아니라 우리의 무한한 영광입니다. 인간은 하나님께 복종함으로써 겸손할 때 참으로 인간다워지기 때문입니다. 인간은 하나님 앞에 있을 때만 참된 인간입니다. 그러므로 우리 모두는 하나님께 복종해야 합니다. 이렇게 겸손한 신자에게 하나님은 큰 은혜를 베푸십니다.

마귀를 대적하고 하나님을 가까이함(7b-8a)
둘째로 겸손한 사람은 마귀를 대적하고 하나님을 가까이합니다.

"마귀를 대적하라 그리하면 너희를 피하리라"(7).

신자는 하나님께 복종하고 가까이해야 하지만 마귀는 대적해야 합니다. 신자가 마귀를 대항하면 마귀는 도망합니다. 신자가 대항하면 마귀는 달아날 수밖에 없습니다. 마귀는 신자의 적수가 되지 못합니다. 이것이 신자와 마귀와의 관계입니다. 그러므로 마귀를 무서워하지 말고 대적하십시오. 이것은 하나님의 명령입니다.

그런데 마귀를 대적하라는 명령에는 더 근본적인 의미가 있습니다. 그것은 독한 시기와 다툼과 자랑과 거짓과 무질서와 악한 일들을 버리라는 뜻입니다. 왜냐하면 이런 모든 것들은 귀신의 것이기 때문입니다.

"그러나 너희 마음속에 독한 시기와 다툼이 있으면 자랑하지 말라 진리를 거슬러 거짓말하지 말라 이러한 지혜는 위로부터 내려온 것이 아니요 땅 위의 것이요 정욕의 것이요 귀신의 것이니 시기와 다툼이 있는 곳에는 혼란과 모든 악한 일이 있음이라"(3:14-16).

이 사실은 하나님을 가까이하는 것이 물리적으로 하나님께 바짝 붙어있다는 뜻이 아니라 손을 깨끗이 하며, 마음을 성결하게 하는 것과 관련된다는 사실에서 잘 드러납니다(8). 그러므로 마귀를 대적하는 것은 마귀의 성품과 마귀의 일을 대적하고 버리는 것입니다.

이에 반해 겸손한 신자는 하나님을 가까이합니다. 하나님을 가까이하는 것은 하나님의 성품을 따라 온유함과 성결과 화평과 관용과 양순과 긍휼과 선함과 편견이 없고 거짓이 없이 행하는 것입니다(3:17-18). 하나님의 성품을 따라 행하는 것이 곧 하나님을 가까이하는 것입니다. 또한 하나님을 가까이하는 것은 쾌락과 욕망을 위해 시기하고 다투고 싸우지 않는 것입니다. 그리하여 세상과 원수가 되고 하나님과 벗이 되는 것입니다(4:1-4). 이렇게 우리가 하나님을 가까이하면, 하나님도 우리를 가까이하십니다.

"하나님을 가까이하라 그리하면 너희를 가까이하시리라"(8a).

죄인인 우리가 의롭고 거룩하신 하나님을 가까이할 수 있다는 것은 참으로 놀랍고 영광스러운 일입니다. 그러므로 신자는 하나님을 가까이하는 것을 부담으로 여기지 말고 영광으로 알아야 합니다. 우리가 하나님을 가까이할 때, 하나님도 우리를 가까이하십니다. 하지만 내가 하나님에게서 멀어지면 자동으로 하나님도 나에게서 멀어지십니다. 우리는 자주 하나님이 나를 멀리하신다고 생각합니다. 그러나 이것은 착각이요 영적 착시일 뿐입니다. 하나님이 나에게서 멀어지신 게 아니고 내가 하나님에게서 멀어진 것입니다. 그러므로 우리는 하나님을 가까이함으로써 하나님이 가까이하시는 신자가 되려고 애써야 합니다.

손을 깨끗이 하고 마음을 성결하게 함(8b)

셋째로, 겸손한 사람은 손을 깨끗이 하고 마음을 성결하게 합니다.

"죄인들아 손을 깨끗이 하라 두 마음을 품은 자들아 마음을 성결하게 하라"(8).

손을 깨끗이 하라는 말씀은 우리의 행위를 의미합니다. 하나님께 복종하는 것은 깨끗한 행위를 하는 것입니다. 더러운 행위를 하면서 하나님께 복종하고 있다고 말하거나 하나님을 가까이한다고 말할 수는 없습니다. 그리고 두 마음은 더러운 행위를 일으키는 원인입니다. '두 마음을 품은 자'에 대해서는 이미 야고보서 1:7에 말씀했습니다.

"이런 사람은 무엇이든지 주께 얻기를 생각하지 말라 두 마음을 품어 모든 일에 정함이 없는 자로다."

여기에서 두 마음을 품은 자는 의심하는 자를 가리킵니다. 그러므로 두 마음을 품지 말고 마음을 성결하게 하라는 말씀은 믿음을 확실히 하여 의심하지 말고 흔들리지 말라는 뜻입니다. 결국 믿음이 없는 불결한 마음과 악한 행위를 하는 더러운 손은 서로 연결되어 있습니다. 하나는 원인이고 다른 하나는 결과입니다. 그러므로 더러운 손을 가졌다면 믿음을 점검해야 합니다. 행위가 악하다면 믿음을 점검해야 합니다. 이처럼 겸손한 사람은 두 마음을 품지 않고 깨끗한 손을 가진 사람입니다.

슬픔, 탄식, 울음, 애통, 우울(9)

넷째로, 겸손한 사람은 슬퍼하고 애통하며 우는 사람입니다. "너희는 슬퍼하라 그리고 너희는 애통하라 그리고 너희는 울라"(9). 연속해서 나오는 '슬퍼하라', '애통하라', '울라'라는 세 개의 동사는 모두 감정을 표현하는 말이며 동의어입니다. 슬픔과 애통이 마음 중심에 있는 안타까움이라면 우는 것은 그러한 감정이 겉으로 드러난 것입니다. 겸손한 사람은 자신의 마음이 성결하지 못하고 그로 인해 행위도 깨끗하지 못한 것 때문에 하나님 앞에서 진심으로 슬퍼하고 애통해하며 울어야 합니다. 그리하여 웃음을 애통으로 바꾸고 즐거움을 근심으로 바꾸어야 합니다.

우리는 하나님을 두려워하는 것을 잊어버린 시대, 그리하여 회개를 잃어버린 시대에 살고 있습니다. 하나님은 단지 나의 안전과 평안과 복을 보장하기 위해 있는 정도로 생각하는 사람들이 참으로 많습니다. 이러한 시대에 "슬퍼하라, 애통해하라, 울라"라는 말씀은 우리에게 선지자적 경고를 주고 있습니다. 마음이 성결하지 못하고 손이 깨끗하지 못한 사람은 마음을 찢어 슬퍼하고 애통하며 울어야 합니다. 그리하여 웃음은 애통으로 바뀌고 기쁨은 근심함으로 바뀌어야 합니다. 이런 사람이 겸손한 사람입니다.

주 앞에서 낮추는 사람(10)

이렇게 겸손한 사람이 주 앞에서 낮추는 사람입니다.

"너희는 주 앞에서 낮추라"(10).

그래서 '겸손한'(ταπεινός, 6)이라는 말과 '낮추다'(ταπεινόω, 10)라는 말은 같은 단어입니다. 주 앞에서 낮추라는 말의 일차적인 의미는 주님께 겸손하라는 뜻일 겁니다. 그러나 이를 위해서는 '주 앞에서'라는 말을 다르게 이해해야 할 필요가 있습니다. 사람은 어디에 있을 때 겸손하고 낮아질 수 있을까요? 그것은 바로 '주님 앞에' 있을 때입니다. 그 엄위하시고 장엄하신 창조주요 구원자요 심판자이신 주님 앞에 있을 때, 그 영광스러움과 거룩함에 압도될 때, 인간은 낮아질 수밖에 없습니다. 인간이 낮아지지 않는 이유는 자신을 존

엄의 자리, 높은 자리에 두고 있기 때문입니다. 이것이 바로 '교만하다', '거만하다'라는 말의 의미입니다(ὑπερήφανος, 6b).

인간은 어떻게 해야 낮아질 수 있을까요? 다른 것으로는 불가능합니다. 오직 자신을 '주님 앞에' 둘 때만 가능합니다. 사람은 주님 앞에서 그분의 영광스러움과 거룩함에 압도당할 때야 자신이 참으로 죄인임을 알게 되고, 그로 인해 자신이 멸망 받을 자임을 알아 슬퍼하고 애통하며 울게 됩니다. 우리는 주 앞에서 낮추기 위해 우리 자신을 하나님 앞에 세워야 합니다. 겸손한 자의 자리는 하나님 앞입니다. 신자의 겸손은 하나님 앞에서의 겸손입니다. 우리가 이렇게 하여 낮아질 때 하나님은 우리를 높이십니다.

하나님은 겸손한 자에게 은혜를 주시며(6) 낮추는 자를 높이십니다(10). 그러므로 겸손한 자에게 주시는 하나님의 은혜는 바로 겸손하여 낮아진 그를 하나님이 높이시는 것입니다. 겸손으로 인해 낮음에서 높음으로 이동이 일어납니다. 주님은 겸손하여 낮아진 사람을 높이십니다. 이것이 하나님이 겸손한 자들에게 주시는 은혜입니다(6b). 결국 겸손은 인간의 낮아짐이며, 은혜는 하나님의 높이심입니다.

맺음말

하나님께 겸손한 사람은 하나님께 복종하며, 하나님을 가까이하며, 손을 깨끗이 하고 마음을 성결하게 하며, 슬퍼하고 울며, 웃음을 애통으로 즐거움을 근심으로 바꾸는 사람입니다. 이 사람은 자신을 하나님 앞에 세움으로써 자신을 낮추는 사람이며, 하나님은 그를 높이시는 은혜를 베푸십니다. 우리 모두가 우리 자신을 주 앞에 세우고, 주 앞에서 낮춤으로써 하나님께서 높이시는 겸손한 신자의 생애를 사시기를 축복합니다.

14

주의 뜻이면

야고보서 4:11-17

개역개정 • ¹¹ 형제들아 서로 비방하지 말라 형제를 비방하는 자나 형제를 판단하는 자는 곧 율법을 비방하고 율법을 판단하는 것이라 네가 만일 율법을 판단하면 율법의 준행자가 아니요 재판관이로다 ¹² 입법자와 재판관은 오직 한 분이시니 능히 구원하기도 하시며 멸하기도 하시느니라 너는 누구이기에 이웃을 판단하느냐 ¹³ 들으라 너희 중에 말하기를 오늘이나 내일이나 우리가 어떤 도시에 가서 거기서 일 년을 머물며 장사하여 이익을 보리라 하는 자들아 ¹⁴ 내일 일을 너희가 알지 못하는도다 너희 생명이 무엇이냐 너희는 잠깐 보이다가 없어지는 안개니라 ¹⁵ 너희가 도리어 말하기를 주의 뜻이면 우리가 살기도 하고 이것이나 저것을 하리라 할 것이거늘 ¹⁶ 이제도 너희가 허탄한 자랑을 하니 그러한 자랑은 다 악한 것이라 ¹⁷ 그러므로 사람이 선을 행할 줄 알고도 행하지 아니하면 죄니라

사역 • ¹ 너희는 서로를 비방하지 말라, 형제들아. 형제를 비방하거나 그의 형제를 판단하는 자는 율법을 비방하고 율법을 판단한다. 그러므로 만일 네가 율법을 판단하면, 너는 율법을 준행하는 자가 아니라 재판관이다. ¹² 입법자와 재판관은 한 분이다. 그는 구원하실 수도 있고 멸하실 수도 있는 분이다. 그런데도 이웃을 판단하는 자 너는 누구냐? ¹³ 오라 지금, 말하는 자들아, "오늘이나 내일 우리가 이 도시나 저 도시로 들어갈 것이다. 그리고 우리는 거기에서 한 해를 머물 것이다. 그리고 우리는 장사할 것이고 이익을 얻을 것이다." ¹⁴ 그렇지만 너희는 내일의 것을 알지 못한다. 너희의 생명이 무엇이냐? 왜냐하면 너희는 잠시 동안 나타나고 그 후에 사라지는 안개이기 때문이다. ¹⁵ 대신에 너희는 "주님이 원하시면 우리가 살뿐 아니라 이것이나 저것도 할 것이다"라고 말하라. ¹⁶ 그런데도 지금 너희는 너희의 오만함 안에서 자랑하고 있다. 그와 같은 모든 자랑은 악한 것이다. ¹⁷ 그러므로 선을 행할 줄 알면서도 그러나 행하지 않는 자에게, 그것이 그에게 죄이다.

야고보는 겸손한 자는 하나님 앞에서 자신을 낮추는 사람이라고 말씀했습니다. 하나님 앞에서 낮추면 하나님이 그를 높이시는 은혜를 주십니다. 이에 반해 교만한 자는 자신을 높이는 사람이며 하나님은 그를 대적하시고 물리치십니다(4:6-10). 야고보는 이번 장의 본문에서 교만한 자의 두 가지 실례를 소개하면서 우리에게 경고와 권면의 말씀을 줍니다.

비방과 판단 금지(11-12a)

첫째로 교만한 자는 형제를 비방하고 판단하는 사람입니다. 야고보는 11절에서 "형제들아 서로 비방하지 말라. 형제를 비방하는 자나 형제를 판단하는 자는 곧 율법을 비방하고 율법을 판단하는 것이라 네가 만일 율법을 판단하면 율법의 준행자가 아니요 재판관이로다"라고 말씀합니다. 여러분, 여기에 '비방하다'라는 말과 '판단하다'라는 말이 각각 몇 번씩 나옵니까? 한 절 안에 무려 세 번씩이나 언급되고 있습니다. 이것은 형제를 비방하고 판단하는 일이 참으로 무거운 죄이므로 비방과 판단을 당장 멈추라는 엄중한 명령입니다. 야고보는 비방하지 말되, '서로' 비방하지 말라고 명령합니다. 비방은 어느 한 사람만의 문제가 아니라 쌍방 간에 이루어진다는 말씀입니다. 야고보가 특히 문제 삼는 것은 비방과 판단이 교회 공동체 내에서 자행되고 있다는 사실입니다.

비방과 판단을 금지한 이유

그는 형제들이 서로를 비방하지 말아야 하는 이유에 대하여 말씀합니다.

"형제를 비방하거나 그의 형제를 판단하는 자는 율법을 비방하고 율법을 판단하는 것이라"(11b).

형제를 판단하여 비방하는 자는 율법을 비방하고 율법을 판단하는 자입니다(11b). 하지만 율법은 결코 인간의 비방이나 판단의 대상이 될 수 없습니다. 왜냐하면 하나님이 율법을 제정하신 입법자이며 하나님이 그 율법에 따라 판단하는 재판관이시기 때문입니다 (12). 율법은 왕에게 속한 '왕의 법'이며(νόμος βασιλικός, 약 2:8), 하나님에게서 나온 하나님의 법입니다. 율법은 하나님이 온전하신 것같이 (약 1:17) 온전한 법입니다(약 1:25).

따라서 율법은 그 누구로부터도 비방을 받거나 판단을 받지 않으며 오히려 판단하는 자리에 있습니다. 모든 신자는 율법에 따라 판단을 받습니다. 그런데도 마치 자신이 율법을 판단하는 자리에 있는 양 형제를 판단하고 비난한다면, 그는 율법을 준행하는 자가 아니라 재판관이 됩니다. 그래서 그는 유일한 재판관이신 하나님의 자리에 있기를 원하는 자입니다. 이것은 최고의 교만입니다.

모든 사람이 비방하고 판단하는 자이다

그런데 이것은 어느 한 사람만의 문제가 아닙니다. 여러분, 11절에 있는 주어의 변화를 보십시오. "너희는 서로 비방하지 말라"(11a)에서 주어는 '너희'입니다. 이어서 "형제를 비방하는 자, 그의 형제를 판단하는 자"(11b)로 바뀌면서 주어가 '그 사람'이 됩니다. 그리고 "네가 만일 율법을 판단하면, 너는 …이다"(11c), "이웃을 판단하는 자 너는 누구냐"(12b)에서는 주어가 '너'로 변합니다. '너희'에서 '그 사람'으로, '그 사람'에서 '너'로 주어가 바뀌고 있다는 사실에 주의하십시오.

여러분, 어떤 느낌이 드십니까? '너희'에서 '그 사람'으로 멀어졌다가 다시 '그 사람'에서 '너'로 좁혀 옵니다. 이렇게 하여 비방과 판단의 죄를 범하는 자가 바로 '너'라는 사실에 초점을 맞춥니다. '너희'라고 했을 때는 묻어가는 느낌이 들고 비방과 판단이 마치 나와 별 상관없는 일인 듯합니다. 게다가 '너희'가 '그 사람'으로 바뀔 때는 더욱 이 일이 나와 무관하다는 확신이 들어 안심하게 되지요. 하지만 그것도 아주 잠깐입니다. 주어가 갑자기 '그 사람'에서 '너'로 바뀌면서 형제를 비방하고 판단하는 자가 바로 '나'라는 사실을 직면하게 만듭니다.

형제를 비방하고 판단하는 죄를 범하는 자는 다른 사람이 아니라 바로 나라는 말씀입니다. 우리가 다 형제를 비방하고 판단하는 사람들이라는 말씀입니다. 우리가 다 재판관의 자리에 앉아 판단하는 교만한 자라는 말씀입니다. 하지만 신자인 우리는 이렇게 하면 안 됩니다.

사람이 재판관이 될 수 없는 이유(12a)

여러분, 우리가 재판관이 될 수 없는 이유는 무엇입니까? 판단하시는 분은 오직 하나님이시기 때문입니다(12a). 하나님 한 분만이 율법을 제정하신 입법자이고 재판관입니다. 그런데도 우리가 형제를 비방하고 판단한다면 이는 우리 자신이 재판관이 되려는 행위입니다. 재판관은 하나님 한 분밖에 없으므로, 형제를 판단함으로써 재판관이 되려는 사람은 결국 하나님의 자리를 찬탈하려는 자입니다. 이것은 마귀의 짓입니다. 하나님만이 구원도 하시고 멸망도 시킬 수 있습니다. 이런 권세를 가지신 하나님의 자리를 감히 인간이 탈취하려고 해서야 되겠습니까? 그래서 야고보는 이렇게 질문합니다.

'너는 누구이기에 이웃을 판단하느냐?' (12b)

야고보는 지금 형제를 비방하고 판단하는 행위가 하나님의 자리를 찬탈하는 극도로 악하고 무서운 죄인데, 그런데도 불구하고 너는 누구이기에 여전히 이웃을 비방하고 판단하느냐고 묻고 있습니다. 우리는 서로 비방하며 판단하면 안 됩니다. 이 행위는 당장 중지되어야 합니다. 신자들이 서로 비방하고 판단하는 것은 하나님의 율법을 비방하고 판단하는 것이요, 스스로 재판관이 되어 하나님의 자리를 빼앗는 교만의 죄를 범하는 일이기 때문입니다.

허탄한 자랑(13-17)

둘째로 교만한 자는 자신의 생명과 생활과 미래를 자랑하는 사람입니다.

"오늘이나 내일 우리가 이러이러한 도시로 들어갈 것이다. 그리고 우리는 거기에서 한 해를 머물 것이다. 그리고 우리는 장사할 것이고 우리는 이익을 얻을 것이다"(13b).

'갈 것이다', '머물 것이다', '장사를 할 것이다', '이익을 얻을 것이다'라는 이 모든 말은 사람의 의지를 나타내며, 자신의 의도대로 이모든 일들이 잇따라 이루어진다는 확신을 보여줍니다.

허탄한 자랑의 내용

그들은 활동과 장래 일이 모두 자기 뜻에 달렸다고 생각합니다. 그들은 자기중심적 확신으로 고동치고 있습니다. 그들은 오늘이나 내일이라는 시간과 어떤 도시라는 공간과 1년이라는 기간과 가고 머물고 장사하는 인간의 행위와 이익을 보리라는 결과까지 이 모든 것을 자신들이 주관한다고 자랑합니다. 이 자랑은 자신들이 시간,

공간, 인간을 주관하는 역사의 주관자라는 자랑입니다.

하나님의 자리 찬탈

하지만 이들의 말속에는 이미 불확신과 불안정이 깊이 배어 있습니다. 그들은 자신의 의지로 시간과 장소가 결정된다고 말하지만, '오늘이나 내일', '이 도시나 저 도시'라는 표현 속에는 이미 불확신과 불안함이 나타나 있습니다. 오늘이 좋을까 내일이 좋을까, 이 도시가 좋을까 저 도시가 좋을까 하는 것은 그들 속에 확신이 없다는 것을 여실히 보여줍니다. 인간은 미래를 예측하거나 담보할 수 없습니다. 그런데도 이들은 활동과 미래가 자신들의 뜻에 속한 것처럼 말합니다. 이것 역시 자신을 하나님의 자리로 끌어올리는 행위이며 대단한 교만입니다.

두 가지 잘못

야고보는 이렇게 생각하고 행동하는 사람들의 두 가지 잘못을 지적합니다. 먼저 그들은 내일 일을 알지 못합니다(14). 그들은 미래에 대하여 무지합니다. 미래는 그들에게 닫혀 있습니다. 미래는 그들에게 어떤 것도 보여주거나 담보하지 않습니다. 그런데도 그들은 내일 일이 자기 뜻에 달려진 것처럼 확정적으로 말합니다. 또한 이 사람들은 자신의 생명이 어떤 것인지를 알지 못합니다.

"너희의 생명이 무엇이냐?"(14)

그들은 마치 자신의 생명을 자신이 주장하는 것으로 생각합니다. 그들은 오늘 내가 살고 있듯이 내일도 여전히 그렇게 살 것이라고 확신하고 있습니다. 이것은 대부분 인간이 가지고 있는 착각입니다. 하지만 야고보는 그렇지 않다고 말씀합니다.

"너희 생명이 무엇이냐 너희는 잠깐 보이다가 없어지는 안개니라"(14).

"너희는 안개이다"(ἀτμὶς γάρ ἐστε). 야고보는 인간의 생명이 안개라는 사실을 매우 강조하고 있습니다. 안개는 잠시 나타났다가 사라집니다. 사람은 단지 안개일 뿐입니다. 특히 야고보는 우리가 안개와 '같다'라고 말하지 않고 안개'이다'(ἐστέ)라고 말씀합니다. 이는 우리의 존재 자체가 안개라는 뜻입니다. 인간은 잠시 잠깐 나타났다 곧 바로 사라지는 안개입니다.

인간의 생명은 진실로 짧습니다. 그런데도 마치 영원히 사는 것처럼 말하는 것은 무지와 어리석음을 드러낼 뿐입니다. 이 어리석음은 마치 원심력과 구심력의 관계와 같습니다. 줄 끝에 매인 돌멩이는 사람이 그 줄을 잡고 있기에 땅에 떨어지지 않고 돌고 있습니다. 그러나 돌은 조금 전에도 돌았으니 앞으로도 계속 돌아갈 것이라고 착각합니다.

인생은 마치 이 돌멩이와 같습니다. 줄을 잡은 손이 그 줄을 놓는 순간 돌멩이는 곧바로 땅에 떨어지고 맙니다. 그러므로 오늘 살았으니 내일도 살 것이라는 주장은 우리의 생명을 쥐고 계시는 하나님의 손을 의식하지 않는 교만이요 불신앙입니다. 인생은 안개이며, 우리의 생명과 활동과 미래는 모두 주님의 뜻에 달려 있습니다. 인간의 뜻이 아닌 주님의 뜻이 인간의 생명과 활동과 미래를 주관합니다. 주님만이 생명의 주관자이십니다(약 1:12).

주의 뜻을 의존하라

그러므로 우리는 이렇게 말해야 합니다.

"주님의 뜻이면 우리가 살기도 하고 이것이나 저것을 할 것입니다"(15).

"만일 주님이 원하신다면!" 이것이 절대적으로 중요합니다. 사람이 이 조건을 버리면 그는 짐승과 다르지 않습니다. 주님은 뜻하시는 분입니다. 야고보는 주님이 뜻을 세우고 행하시는 분임을 분명하게 천명하며, 인생의 모든 것이 주님의 뜻에 의존한다는 것을 말합니다.

물론 이 말은 우리가 우리의 활동과 미래에 대한 어떤 계획도 세우면 안 된다는 말씀이 아닙니다. 하나님이 우리에게 지각을 주셨으니 오히려 생각하고 계획을 세우고 계산해야 합니다. 하지만 본문은 '우리가' 가서, '우리가' 머물며, '우리가' 장사하여, '우리가' 이익을 보리라(13)고 말합니다. 이들은 자신들의 모든 일과 행사가 그들의 계획과 뜻에 따라 이루어진다고 자랑합니다. 이것이 문제입니다. 우리가 계획을 세워도 그것을 이루시는 분은 하나님이십니다.

"사람이 마음으로 자기의 길을 계획할지라도 그의 걸음을 인도하시는 이는 여호와시니라"(잠 16:9).

우리는 계획을 세워야 하지만 그 계획이나 계획의 성취를 우리의 뜻이 아닌 하나님의 뜻 아래에 두어야 합니다. 우리는 뜻을 세우시고 행하시는 주님에 대한 믿음을 확실하게 가지고 우리의 생명과 생활과 미래를 철저하게 주님께 의탁해야 합니다. 우리는 인생을 하나님의 주권에 두어야 합니다. 우리의 생사와 행사를 주관하는 분은 주님이십니다. 우리의 생명과 활동과 미래가 모두 주님의 뜻에 달려 있습니다. 그래서 사도 바울은 이렇게 말했습니다.

"우리가 그를 힘입어 살며 기동하며 존재하느니라"(행 17:28)

인간은 단지 안개일 뿐이니 그의 뜻이 무슨 힘이 있고 무슨 의미가 있겠습니까? 오직 주님이 만물과 모든 행사를 주관하며 오직 주님의 뜻이 이루어질 뿐입니다. 그러므로 우리는 우리의 생명과 활동과 장래를 반드시 '주님이 원하시면'이라는 고백 뒤에 두어야 합니다. 이것이 바로 하나님과 하나님의 주권을 믿는 믿음입니다. 내가 가고 서는 것, 내가 살고 죽는 것, 나의 일이 되고 안 되는 것, 이 모든 것이 주님의 뜻에 달려 있다는 사실을 믿는 것, 이것이 바로 하나님을 믿는 신앙입니다.

인간의 뜻은 주님의 뜻에 종속됩니다. 하나님의 뜻에 의존하는 인생이 참으로 복이 있습니다. 신자는 오직 주님의 뜻을 구하는 사람입니다. 그래서 신자는 죽는 것도 억울하지 않으며, 사는 것도 자랑이 될 수 없습니다. 신자에게는 일이 잘 되는 것도 자랑이 아니며 망하는 것도 부끄러운 일이 아닙니다. 그는 어떤 형편에 처하든지 주님의 뜻이 이루어지는 줄을 믿고 고백하며 그 뜻에 승복하기 때문입니다. 욥이 이러했습니다.

"이는 곧 나를 멸하시기를 기뻐하사 하나님이 그의 손을 들어 나를 끊어 버리실 것이라 그러할지라도 내가 오히려 위로를 받고 그칠 줄 모르는 고통 가운데서도 기뻐하는 것은 내가 거룩하신 이의 말씀을 거역하지 아니하였음이라(욥 6:9-10)."

내일 일과 자신의 생명을 자신이 주관한다고 생각하는 사람은 주님의 뜻이 아닌 자기 뜻을 주장하고 신뢰하는 사람입니다. 그는 주님의 뜻보다 자기 뜻을 절대적 자리에 둡니다. 그는 주님의 뜻이 아닌 자기 뜻을 높이 드러내려고 합니다. 결국 그는 교만의 죄를 범하게 됩니다(6).

신자의 선

야고보는 이제 결론을 내립니다.

"그러므로 사람이 선을 행할 줄 알고도 행하지 아니하면 죄니라"(17).

선을 행할 줄을 알면서도 행하지 않는 자에게, 그것은 그에게 죄입니다. 여기서 선을 행한다는 말은 흔히 말하는 착하게 산다는 뜻이 아닙니다. 본문에서 야고보가 힘주어 말하는 선은 자신의 생명과 활동과 미래를 자신이 주관한다고 말하지 않는 것이며, 허탄한 자랑, 오만한 자랑을 하지 않는 것입니다.

다시 말해 야고보가 말하는 선은 생명과 활동과 미래를 하나님의 뜻에 맡기는 것입니다. 이것이 바로 신자의 선이요 착함입니다. 신자의 '선'은 단순히 착한 일을 하는 것이 아니라 주님의 주권을 믿고 그분의 손에 자신의 미래와 생명과 활동을 온전히 맡기는 것입니다. 그래서 이렇게 선을 행할 줄 알면서도 하지 않으면 그것은 죄입니다. 매일의 삶에서 나의 생명과 계획과 장래를 하나님의 뜻에 맡기지 않고 하나님의 주권을 무시하는 것이 죄입니다.

맺음말

우리는 교만의 죄를 범하면 안 됩니다. 교만은 하나님의 자리를 차지하여 형제를 판단하고 비방하는 것입니다. 또한 교만은 자신의 뜻을 주님의 뜻보다 더 신뢰하고 앞세워 하나님의 주권을 인정하지 않는 것입니다. 모든 사람을 판단하시고 재판하시는 분은 오직 하나님 한 분밖에 없습니다. 하나님은 그를 구원하실 수도 있고 멸하실 수도 있는 입법자요 재판관이십니다. 주님이 우리에게 물으십니다.

"너는 누구이기에 이웃을 판단하느냐?"

여러분, 우리는 우리 자신도 구원할 수 없는 무능력한 자요 죄인일 뿐입니다. 그러니 다른 사람을 판단할 자격이 우리에게는 없습니다. 그런데도 자꾸 다른 사람을 판단하여 비방하는 것은 자신을 재판관의 자리에 두는 것이며 이는 하나님의 자리를 탈취하는 교만이요 무서운 죄입니다.

우리의 생명과 생활과 미래를 주관하시는 분은 하나님이십니다. 우리에게는 우리의 생명과 삶과 장래를 주관할 수 있는 어떤 능력이나 권한도 없습니다. 우리는 단지 잠시 나타났다 사라지는 안개일 뿐입니다. 그런데도 장래 일을 확신하며 자랑하는 것은 허탄하고 오만한 자랑이며 자기 뜻을 주님의 뜻보다 앞세우는 교만입니다. 우리는 어떻게 살든지 무엇을 계획하든지 항상 이렇게 말해야 합니다.

"주님의 뜻이면, 주님이 원하시면 내가 살기도 하고 이런 저런 일들을 할 것입니다"(15).

이렇게 자기 뜻을 주님의 뜻 아래에 낮추는 사람이 겸손한 사람입니다. 허탄하고 오만한 자랑을 멈추고 주님의 주권에 생명과 계획과 인생을 맡기시기를 바랍니다. 우리의 선행이 무엇입니까? 그것은 일반적으로 말하는 착한 일이 아니라 생명과 활동과 장래를 온전히 주님의 뜻에 맡기는 것입니다. 주님의 뜻 아래 사는 것, 매사에 주님의 주권을 믿고 신뢰하는 것, 이것이 바로 신자의 선이요 우리가 실천해야 하는 착한 일입니다.

"사람의 마음에는 많은 계획이 있어도 오직 여호와의 뜻만이 완전히 서리라"(잠 19:21).

형제를 비방하거나 판단하는 죄를 멈추고 오직 주님의 뜻만이 우리의 생명과 삶 속에서 온전히 이루어지기를 주님의 이름으로 축복합니다.

15

만군의 주의 귀에 들렸느니라

야고보서 5:1-6

개역개정 • ¹ 들으라 부한 자들아 너희에게 임할 고생으로 말미암아 울고 통곡하라 ² 너희 재물은 썩었고 너희 옷은 좀먹었으며 ³ 너희 금과 은은 녹이 슬었으니 이 녹이 너희에게 증거가 되며 불 같이 너희 살을 먹으리라 너희가 말세에 재물을 쌓았도다 ⁴ 보라 너희 밭에서 추수한 품꾼에게 주지 아니한 삯이 소리 지르며 그 추수한 자의 우는 소리가 만군의 주의 귀에 들렸느니라 ⁵ 너희가 땅에서 사치하고 방종하여 살륙의 날에 너희 마음을 살찌게 하였도다 ⁶ 너희는 의인을 정죄하고 죽였으나 그는 너희에게 대항하지 아니하였느니라

사역 • ¹ 오라 지금 부자들아, 너희는 내려오고 있는 너희의 고난들로 인해 울어라 너희는 소리 내어 울어라. ² 너희의 재물들은 썩었고 너희의 옷들도 좀먹었다. ³ 너희의 금과 은은 녹슬었다. 그리고 그것들의 녹이 너희에게 증거가 될 것이다. 그리고 그것이 불처럼 너희의 살들을 먹을 것이다. 너희는 마지막 날들에 축적했다. ⁴ 보라 너희에 의해 빼앗긴 너희의 밭들을 벤 일꾼들의 임금(賃金)이 외치고 있다. 그리고 추수한 자들의 부르짖음이 만군의 주님의 귀들 안으로 파고 들어갔다. ⁵ 너희는 땅 위에서 사치했고 방종했으며 살육의 날에 너희의 마음을 살찌웠다. ⁶ 너희는 정죄했다. 너희는 그 의인을 죽였다. 그는 너희에게 저항하지 않는다.

성도로 사는 것은 많은 손해와 억울함을 감수해야 하는 삶입니다. 힘이 있고 능력이 있어 정당한 보복을 할 수 있어도 참아야 합니다. 이때는 억울하기보다는 오히려 떳떳하고 당당합니다. 하지만 부당하게 억울한 일을 당하고 손해를 봐도 힘이 없고 가진 것이 없

어서 아무 항변도 못 하고 참고 견뎌야만 할 때도 있습니다. 옳고 정당하지만 힘은 없고 먹고는 살아야 하기에 모욕과 멸시를 참을 수밖에 없을 때는 참으로 서럽고 비참하고 원통해서 잠을 이루지 못하기도 합니다. 야고보의 편지를 받는 교회에도 이렇게 억울한 성도들이 있었습니다.

부자들은 누구인가?(1a)

1절은 '들으라 부한 자들아'로 시작합니다. 그래서 이번 장의 본문은 부자들에 대한 경고입니다. 물론 본문의 부자는 세상의 모든 부자들을 가리키는 말이 아닙니다. 이 '부자들'은 교회의 가난한 성도들을 억압하는 예수 믿지 않는 부유한 지주들을 가리킵니다. 이 사실은 문맥이 잘 보여줍니다. 본문(1-6)에서 야고보는 부자들의 착취를 고발하고 그들에게 임할 고난과 심판을 예고합니다. 형제들을 착취하는 부자들은 하나님에 의해 고난을 받고(1) 살육의 날(5)에 심판을 받을 것입니다(9). 특히 1절의 '고생'(ταλαιπωρία)이라는 말은 구약성경에서 하나님의 진노를 받는 자들의 멸망의 고통을 선언하는 데 자주 사용된 말입니다.

이런 두 가지 이유로 본문의 부자는 부유한 성도가 아니라 가난한 성도들을 억압하는 부유한 불신자들입니다. 부자들에 관한 경고는 이미 야고보서 1:10-11에 있습니다. 거기에서 부자는 교회 안의 부자를 가리키지만, 이번 장의 본문의 부자는 하나님을 믿지 않는 교회 밖에 있는 지주들입니다.

부자들이 울고 통곡해야 하는 이유(1b)

야고보는 그들에게 두 가지 명령을 합니다.

"울고 통곡하라"(1).
"너희는 울어라. 소리 내어 울어라."

"너희는 울어라"는 말은 여호와의 심판을 받는 자들의 울음을 묘사하기 위해 구약 선지서들에 공통적으로 사용된 표현입니다(렘 8:23; 호 12:5; 욜 1:5). 그리고 "너희는 통곡하라"는 명령은 멸망의 심판이 얼마나 무겁고 무서운 고통인지를 나타냅니다.

그러면 부자들은 왜 이토록 슬퍼하고 애통해야 할까요? 그것은 그들에게 임할 고생 때문입니다.

"너희에게 임할 고생으로 말미암아"

고생은 고난을 말하는데, 이들은 모두 '고생들'이라는 복수로 되어 있습니다. 이는 고난의 종류와 수가 많다는 의미입니다. 그런데 야고보는 이 고난들이 그냥 고난이 아니라 너희에게 '임할' 고난이라고 말씀합니다. 고난이 부자들 '위에' 내려옵니다. 부자들이 당할 고난은 하나님으로부터 내려오는 고난입니다. 그러므로 부자들은 이 고난을 지금 상태로는 결코 피할 수 없습니다.

부자들에게 고난이 임하는 이유(2-6)

이처럼 야고보는 부자들에게 고난이 임할 것을 경고한(1) 후에 그들 위에 고난이 임하는 이유에 대하여 설명합니다. 그 이유는 크게 네 가지입니다.

부의 축적(3)

부자들에게 고난이 임하는 첫 번째 이유는, 그들이 부를 축적했기 때문입니다.

"너희 재물은 썩었고 너희 옷은 좀먹었으며 너희 금과 은은 녹이 슬었으니"(2-3a).

재물이 썩고 옷이 좀먹고 금과 은이 녹슬었다는 말은 부자들이 이것들을 쌓아두었다는 말입니다. 그 직접적인 표현이 3b의 "너희가 쌓았도다"입니다. 하지만 부의 축적 그 자체가 문제 되는 것은 아닙니다. 야고보는 재물을 쌓아 두는 것 그 자체 때문에 고난이 임한다고 말하지 않습니다. 부자들에게 고난이 임하는 이유는 다른 데 있습니다. 그것은 바로 그들이 재물을 쌓아 둔 이유와 목적 때문입니다. 그들은 왜 재물을 쌓아두었습니까? 그들은 무슨 목적으로 재물을 축적했을까요?

부자들의 재물 축적은 오래전부터 계속되어 왔습니다. 그래서 재물이 썩었고 옷이 좀먹었습니다. 게다가 사람들이 영원히 변하지 않는다고 여기는 금과 은마저 녹이 슬 정도니 그들의 부의 축적은 아주 오래된 일입니다. 부자들은 매우 오랫동안 썩어질 재물과 좀먹을 옷과 녹슬어 없어질 보화를 모았습니다. 그들이 이렇게 한 이유는 썩고 좀 먹고 녹슬어 없어질 재물에 그들의 소망을 두었기 때문입니다. 그들은 허망한 것, 임시적인 것, 영생을 줄 수 없는 것들에 소망을 두고 인생을 허비했습니다. 그래서 그들의 인생은 참으로 의미 없고 무가치한 것이 되고 말았습니다.

그들은 썩어 없어질 재물이 자신을 지켜주고 보호해 주리라고 믿고 의지했습니다. 그들은 일시적이고 없어질 재물에 인생을 맡기고 신뢰했습니다. 그래서 결국 허망한 것들이 그들의 섬김의 대상이 되었고 결국 우상이 되고 말았습니다. 부자들은 하나님을 의지하고 섬기는 대신에 썩어 없어질 재물과 좀먹을 옷과 녹슬 보화를 의지하고 섬겼습니다. 그리고 이것이 그들에게 죄가 되었습니다. 이에 대한 욥의 생각을 들어보겠습니다.

"만일 내가 내 소망을 금에다 두고 순금에게 너는 내 의뢰하는 바라 하였다면 만일 재물의 풍부함과 손으로 얻은 것이 많음으로 기뻐하였다면 … 그것도 재판에 회부할 죄악이니 내가 그리하였으면 위에 계신 하나님을 속이는 것이리라"(욥 31:24-28).

부자들이 재물을 축적한 이유는 그들이 하나님께 소망을 두지 않고 하나님을 의지하지 않은 까닭입니다. 그들이 그렇지 않다고 아무리 부인해도 금과 은에 슨 녹이 그 증거가 됩니다(3). 영원토록 변하지 않는다고 하여 순결함의 대명사가 된 금과 은마저 녹이 슬 정도라면 도대체 그것을 얼마나 오랫동안 쌓아 두었다는 말입니까? 게다가 금과 은을 그들의 몸에 가까이 둠으로써 녹에서 나온 독이 살을 먹어버릴 정도이니 그들이 그것을 또한 얼마나 아꼈다는 말입니까? 그들은 하나님을 가까이 모신 것이 아니라 금과 은을 가까이 모셨습니다. 그러므로 그들은 뭐라고 해도 오랫동안 재물을 축적했고 그것에 애착을 가지고 그것을 섬기며 살아왔습니다. 그들은 참으로 헛되고 썩어 없어질 것에 매여 종노릇하며 살았습니다.

부자들은 재물이 자신들의 소유라고 굳게 믿었습니다. 야고보는 이것을 강조하기 위해 '너희의' 재물, '너희의' 옷, '너희의' 금과 은이라고 말합니다(2-3a). 그러나 그는 이러한 소유가 결국은 그들을 헤칠 것이라는 사실도 분명히 합니다. '너희의' 고난(1b), '너희의' 살(3a)이라는 말씀이 이를 잘 증거합니다. '너희의' 재물은 '너희의' 고난이 되었고, '너희의' 금과 은은 '너희의' 살을 먹을 것입니다. 살을 먹는 다는 말은 죽음을 암시합니다. 부자들은 자신을 위해 오랫동안 재물과 옷과 보화를 쌓아왔지만, 오히려 그것에 매이게 되고 마침내는 그것에 의해 죽음에 이릅니다.

더 나아가서 그들은 '말세에' 재물을 축적했습니다. 말세, 즉 마지막 날은 일반적으로 종말의 날, 심판의 날을 의미합니다. 그래서 8절은 "주의 강림이 가까우니라"라고 말씀합니다. 심판주가 문 밖에서 계십니다(약 5:9). 그런데도 부자들은 이 사실을 믿지 않고 자신을 위해 재물을 자꾸만 쌓아 두려합니다. 그리고 부자들의 이러한 불신앙의 행태 위에 하나님이 내리시는 고난이 임합니다.

여러분, 성도는 이런 사람들과 근본적으로 다릅니다. 성도는 필요한 것들을 쌓아두고 쓰는 사람이 아니라 하나님께 구하여 쓰는 사람입니다.

"누구든지 지혜가 부족하거든 모든 사람에게 후히 주시고 꾸짖지 아니하시는 하나님께 구하라 그리하면 주시리라"(약 1:5-6b).

성도는 저수지를 가진 논이 아니라 하늘이 비를 내려야만 농사를 지을 수 있는 논입니다. 이런 논을 천수답이라고 합니다. 많은 재물, 인생에 필요한 모든 것을 가득 쌓아놓으면 하나님을 잘 믿고 힘을 다해 섬길까요? 그렇지 않습니다.

"내가 배불러서 하나님을 모른다 여호와가 누구냐 할까 하오며"(잠 30:9).

이스라엘의 역사가 이 사실을 잘 증명합니다. 북이스라엘은 매우 비옥하고 물이 많아 모든 것이 풍부합니다. 반면에 이스라엘의 남쪽은 말 그대로 광야여서 물도 없고 모든 것이 풍부하지 못합니다. 지금도 그렇습니다. 그런데 어디가 먼저 망했는지 아십니까? 모든 것이 풍부한 북이스라엘이 하나님을 버리고 우상을 섬기다가 BC 722년에 앗수르에 멸망당하고 말았습니다.

여러분, 부족한 것이 있어야 하나님을 의지하고 하나님을 찾습니다. 몸도 건강하고 물질도 풍부해서 부족한 것이 없으면 하나님에게서 멀어집니다. 이것이 인간입니다. 그래서 성도는 천수답이어야 합니다. 성도는 이른 비와 늦은 비를 기다리는 농부와 같습니다(7). 하늘이 내려주지 않으면 어떤 것도 가지지 못한다는 절박한 심정으로 하늘만 쳐다보며 하늘에 모든 것을 걸고 하나님만 의지하며 사는 성도가 복이 있습니다.

물론 하늘만 쳐다봐야 하기에 때로는 답답하고 때로는 불안하며 힘들기도 합니다. 원망과 불평이 일어나기도 하지요. 그래서 재물을 곳간에 쌓아놓고 필요할 때는 언제나 아쉬운 것 없이 척척 꺼내서 쓰면 얼마나 좋을까 하는 열망도 있습니다.

그러나 여러분, 성도는 가두어 둔 냄새나는 물을 마시는 자가 아니라 날마다 하늘로부터 내리는 생수로 사는 사람입니다. 성도는 썩은 재물을 사용하며 좀먹은 옷을 입고 녹이 난 금과 은으로 사는 사람이 아니라 날마다 위로부터 주시는 좋은 것과 온전한 것으로 사는 사람입니다.

> "온갖 좋은 은사와 온전한 선물이 다 위로부터 빛들의 아버지께로부터 내려오나니"(약 1:17).

성도는 자기 창고를 만들고 거기에 재물을 쌓아놓고 꺼내 쓰는 사람이 아니라 하나님의 창고에서 내어 쓰는 사람입니다. 그래서 성도는 복이 있는 사람입니다. 성도는 주님의 뜻이면 살기도 하고 이것 저것을 한다고 믿는 사람이지(4:15) 자기 뜻으로 자신의 삶을 결정한다고 믿어 쌓아두기에만 급급한 사람이 아닙니다.

임금 착취(4)

부자들에게 고난이 임하는 두 번째 이유는, 그들이 일꾼들의 임금을 착취했기 때문입니다.

> "보라 너희 밭에서 추수한 품꾼에게 주지 아니한 삯이 소리 지르며 그 추수한 자의 우는 소리가 만군의 주의 귀에 들렸느니라"(4).

이 임금은 추수한 품꾼들이 마땅히 받아야 할 그들의 삯입니다.

또한 이 임금은 부자들이 주지 않은 임금입니다. 그래서 이 임금은 품꾼들이 부자들에게 빼앗긴 임금입니다. 부자들은 일꾼들에게 마땅히 삯을 지불했어야 합니다. 그러나 그들은 그렇게 하지 않고 착취했습니다. 그들은 썩어 없어질 재물을 모으기 위해 착취했고 강탈했으며 도둑질했습니다. 부자들은 악한 재물을 모으기 위해 악한 방법을 동원했습니다.

그런데 야고보는 바로 '그 삯'이 외치고 있다고 말합니다. 이 외침은 멈추지 않는 계속적인 외침이며(pre.) 임금을 강탈당한 일꾼들의 아픔을 대변합니다. 임금을 강탈당한 일꾼들의 마음이 얼마나 억울하고 아팠으면 생명이 없는 '임금'마저 소리를 질렀겠습니까! 부자들은 자기 욕심을 채우기 위해서라면 다른 사람들의 아픔 따위는 안중에도 없었습니다. 그들의 이런 악행으로 인해 그들 위에 고난이 임합니다. 그들은 일꾼들의 삯이 '소리' 치게 했으므로(4) 그들도 '소리' 내어 울어야 합니다. 1절의 '통곡하다'가 바로 이 뜻입니다. 또한 야고보는 일꾼들의 부르짖음이 만군의 여호와의 귀에 들렸다고 말씀합니다(4b). 그들은 부자들의 강탈과 착취로 인해 부르짖었습니다. 착취당한 추수꾼들의 이 부르짖음이 여호와의 귀 안으로 들어가고 또 파고 들어갔습니다. 그 부르짖음이 여호와께 알려졌습니다.

사치와 방탕(5)

부자들이 고난을 당하는 세 번째 이유는, 그들이 땅에서 사치하고 방종했기 때문입니다.

"너희가 땅에서 사치하고 방종하여 살육의 날에 너희 마음을 살찌게 하였
도다"(5).

부자들이 땅에서 사치한 것은 재물을 축적한 것과 관련이 있습
니다. 그들은 이 땅의 삶에 모든 소망을 두었기 때문에 재물을 축
적했고, 이것을 위해 착취했습니다. 그들은 하나님이 약속하신 생
명의 면류관(약 1:12)과 하나님의 나라에는 관심이 없었습니다(cf. 약
2:5). 그들은 세상과 벗이 되어 세상에서 재물을 쌓았고 그 재물로
사치했습니다. 또한 부자들은 땅에서 방종했습니다. 그들은 방탕
한 삶을 살았습니다. 그리하여 결국 그들은 살육의 날에 자신들의
마음을 살찌웠습니다. 살육의 날은 임박한 종말의 날로서 하나님이
착취한 부자들을 도살할 날입니다. 결국 부자들은 이 도살의 날을
위해 임금을 착취했고 부를 축적했던 것입니다. 그들이 이렇게 행
한 근본 동기는 그들 내면, 즉 그들의 '마음'에 있습니다. 그래서 야
고보는 그들이 마음을 살찌웠다고 말씀합니다.

의인을 정죄하고 죽임(6)

부자들에게 고난이 임하는 네 번째 이유는 그들이 의인을 정죄
하고 살인했기 때문입니다.

"너희는 의인을 정죄하고 죽였다"(6a).

살인했다는 말은 일꾼들이 임금을 빼앗긴 것과 깊은 관련이 있습니다. 일꾼들에게 품삯을 주지 않은 것은 그들에게 죽음과 같기 때문입니다. 그러나 실제로 부자들은 의인을 정죄하고 살인했을 수도 있습니다. 이어서 야고보는 이러한 억압에 대한 의인의 반응을 설명합니다.

"그는 너희에게 대항하지 아니하였느니라"(6c).

일꾼들은 착취하는 부자들에게 대적하지 않았습니다. 이 말은 그들이 대적하지 못했다는 말이기도 합니다. 부자들의 세력과 억압이 그만큼 절대적이었기 때문입니다. 추수꾼들은 임금을 착취당하고도 어떤 저항도 하지 못하는 위치에 있었습니다.

맺음말

여러분, 억울하고 분해서 잠을 못 이룬 적이 있었을 겁니다. 그러나 잘 참으셨습니다. 힘이 있어도 참았고, 힘이 없어 참을 수밖에 없었다고 해도 참으로 잘하신 겁니다. 7절에서 주께서 강림하시기까지 길이 참으라고 말씀하기 때문입니다. 만군의 여호와가 우리의 우는 소리를 들으십니다. 그러므로 악을 행하는 자들에게 대항하지 말고 주님이 곧 오셔서 그들을 심판하실 줄 믿고 견디십시오. 모든 것을 재판관이신 만군의 여호와께 맡기십시오. 그리하여 평안을 누리십시오. 힘들지만 그렇게 하려고 애쓰십시오. 문득문득 분노가 치밀어 오르더라도 하나님의 손에 맡기십시오. 그래야 이깁니다. 그래야 성도답습니다.

이와 함께 우리도 하나님 대신에 재물을 추구하는 불신앙을 경계하고 우리 때문에 억울한 일 당하는 사람이 없도록 우리 자신과 주변의 사람들을 잘 돌봐야 합니다. 나가서 하나님이 주신 재물을 사치와 방탕이 아닌 하나님의 나라를 위해 요긴하게 쓸 수 있도록 해야 합니다. 우리 모두가 언제나 하나님을 우러러 사모하는 하나님의 천수답으로 사는 복된 성도 되시기를 주님의 이름으로 축복합니다.

16

길이 참으라, 길이 참으라
야고보서 5:7-11

개역개정 • ⁷ 그러므로 형제들아 주께서 강림하시기까지 길이 참으라 보라 농부가 땅에서 나는 귀한 열매를 바라고 길이 참아 이른 비와 늦은 비를 기다리나니 ⁸ 너희도 길이 참고 마음을 굳건하게 하라 주의 강림이 가까우니라 ⁹ 형제들아 서로 원망하지 말라 그리하여야 심판을 면하리라 보라 심판주가 문 밖에 서 계시니라 ¹⁰ 형제들아 주의 이름으로 말한 선지자들을 고난과 오래 참음의 본으로 삼으라 ¹¹ 보라 인내하는 자를 우리가 복되다 하나니 너희가 욥의 인내를 들었고 주께서 주신 결말을 보았거니와 주는 가장 자비하시고 긍휼히 여기시는 이시니라

사역 • ⁷ 그러므로 형제들아, 너희는 주님의 오심까지 오래 참으라. 보라 농부가 땅이 이른 비와 늦은 비를 맞기까지 비에 대하여 오래 참으면서 땅의 귀한 열매를 기다린다. ⁸ 너희도 또한 오래 참으라. 너희는 너희의 마음을 강하게 하라. 왜냐하면 주님의 오심이 가까이 있기 때문이다. ⁹ 형제들아. 너희가 심판받지 않기 위하여 너희는 서로를 대하여 불평하지 말라. 보라 심판자가 문들 앞에 서 있다. ¹⁰ 형제들아. 너희는 주님의 이름으로 말한 선지자들을 고난과 오래 참음의 본으로 받으라. ¹¹ 보라 우리는 인내하는 자들을 복되다고 여긴다. 너희가 욥의 인내를 들었다. 그리고 너희는 주님의 결말을 보았다. 주님은 크게 자비롭고 긍휼히 여기신다.

요즘 돈은 많으나 인격을 못 갖춘 어떤 기업의 회장이 사람을 폭행하는 동영상이 방송을 통해 알려지면서 전 국민이 분노하고 있습니다. 상상조차 하기 싫은 일이지만, 만일 그 폭행을 당한 사람이 여러분 자신이거나 여러분의 자녀였다면 어떻게 하시겠습니까? 나

라 법에 호소하여 그를 법정에 세운다면 그것은 공의요 정의일 것입니다. 그러나 보복하지 않고 법정에서 그를 위해 탄원하고 품고 용서한다면 이것은 사랑일 겁니다.

하지만 힘도 없고 가진 것도 없는데 책임져야 할 식구들은 많습니다. 그래서 자칫 잘못 대항했다가는 더 큰 불이익을 당할까 봐 보복하고 싶어도 하지 못하고 억울함을 참아야만 할 때가 있습니다. 그러면서도 마치 사랑이 많아서 참고 용서하는 것처럼 포장하며 속을 삭이고 쓸어내릴 때도 있습니다. 여러분, 이렇게 하는 것이 치사하고 비굴하다고 생각되십니까? 아닙니다. 이것은 비굴한 일도 아니요 비참한 일도 아니라 잘한 일입니다. 왜냐하면 성경이 그렇게 하라고 말씀하기 때문입니다.

오래 참으라(7-8)

1-6절에 보면, 하나님을 두려워하지 않는 불신 부자들이 있습니다. 그들은 남의 밭에 가서 일을 해야만 겨우 살아갈 수 있는 가난한 추수꾼들의 임금을 착취하여 재물을 모았습니다. 야고보는 이 못된 부자들 위에 무서운 고난이 임할 것이라고 경고합니다. 왜냐하면 그들이 착취한 품꾼의 삯이 소리 지르고 추수한 자의 우는 소리가 만군의 여호와의 귀에 들어갔기 때문입니다(1-6).

이어서 7절은 '그러므로'라는 말로 시작합니다. 여러분, 어떤 말씀이 이어서 나올 것이라 생각되십니까? 억울한 일을 당했으니 '그러므로' 보복하라고 말씀하시면 속이라도 시원하겠으나 그렇게 말씀하시지 않습니다. 그 반대로 억울한 일을 당했으니 '그러므로' 형제들은 오래 참으라고 말씀합니다(7). 야고보는 이것을 강조하기 위해 억울한 일을 당한 형제들에게 무려 여섯 번이나 오래 참으라고 말씀합니다.

"길이 참으라"(7), "길이 참아"(7), "길이 참고"(8), "오래 참음"(10), "인내"(11), "인내"(11).

야고보는 신자들에게 악한 부자들로부터 원통하고 억울한 일을 당해도 대항하지 말고 길이 참고 또 참으라고 권면합니다. 분명 정당하게 요구하고 주장할 수 있지만 대적하지 말고 오래 참고 또 참으라고 말씀합니다.

인내의 기간(7a)

그러면 신자는 언제까지 이 무법한 착취자들을 대적하지 않고 오래 참아야 할까요? 얼마나 오랫동안 이 부당한 압제를 인내해야 할까요? 이 질문에 대해 야고보는 "주께서 강림하시기까지"라고 말씀합니다(7b). 신자가 인내해야 하는 기간은 주님이 재림하실 때까지입니다. 여기서 중요한 것은 '주님의 재림'입니다. 주님은 약속하신

대로 반드시 다시 오십니다. 이것은 공허한 소설이나 허황된 신화가 아닙니다. 복음은 예수님의 수난과 십자가 죽으심과 부활만이 아닙니다. 복음은 예수님의 승천과 장차 다시 오시는 것까지 포함합니다. 이 모두를 믿지 않으면 복음을 믿는 것이 아닙니다.

하나님의 아들이신 예수께서 사람으로 태어나시고 이 땅에서 우리 가운데 사시고 고난을 받으시고 십자가에 못 박혀 죽으시고 장사되시고 사흘 만에 부활하시고 승천하신 것이 역사적 사실이듯이, 주님의 다시 오심도 분명히 이 땅의 시간과 공간 안에서 발생할 엄연한 역사적 사건입니다. 이 역사적 사실성 때문에 야고보는 시간을 나타내는 표현인 '까지'(ἕως)라는 말을 쓰고 있는 것입니다.

만약 주님이 다시 오시는 일이 없다면, 주님의 재림이 헛된 신화에 불과하다면 주님의 수난과 십자가 죽음과 부활과 승천도 헛것이 되고 맙니다. 그리고 이 땅에서 당하는 억울한 고난을 인내하며 사는 신자들의 삶도 허망한 일이며 아무런 의미가 없는 괜한 고생이 되고 맙니다. 하지만 주님은 반드시 다시 오십니다.

"주께서 호령과 천사장의 소리와 하나님의 나팔 소리로 친히 하늘로부터 강림하시리니"(살전 4:16).

야고보는 '그때까지' 참고 인내하라고 말씀합니다. 이 말은 결국 신자가 인내를 끝낼 때가 있다는 뜻입니다. 누가 억울해도 인내하며 보복하지 않을 수 있을까요? 인내를 끝낼 때가 있다는 사실을 아는 사람입니다. 신자의 인내는 주님이 오시면 끝이 납니다. 거기까지만 참으면 됩니다. 그래서 주님의 재림을 믿는 신자가 오래 참을 수 있습니다.

우리가 주님의 재림을 정말로 믿는지 아니 믿는지를 확인하는 기준은 보복하느냐 하지 않느냐 하는 것입니다. 우리가 바보이기 때문에 때리면 맞고, 뺏으면 빼앗기고, 밟으면 밟히는 것이 아닙니다. 단지 우리는 주님의 재림을 믿기 때문에 참고 대항하지 않습니다. 그러면 다시 오시는 주님이 어떤 분이기에 억울해도 참고 대항하지 않아야 합니까? 주님은 심판주로 오십니다.

"심판주가 문 밖에 서 계시니라"(9).

주님은 심판주로 오셔서 우리에게 억울하게 행한 모든 자들을 심판하실 것입니다. 신자는 이 사실을 믿기에 오래 견디며 보복하지 않습니다. 이렇게 사는 신자는 이미 오늘 여기서 종말을 사는 사람입니다. 이처럼 신자의 삶은 '종말론적인 삶'입니다.

농부의 예(7b)

이어서 야고보는 이와 같은 오래 참음을 설명하기 위해 농부를 예로 듭니다. 농부는 땅이 내어 주는 좋은 열매, 귀한 열매를 기다립니다. 그렇지 않은 농부가 세상에 어디 있겠습니까. 농부는 결코 나쁜 열매, 썩은 열매를 기대하지 않습니다. 농부는 귀하고 큰 가치를 지닌 열매를 기다립니다. 그러나 이런 열매는 아무런 수고 없이 그냥 얻어지는 게 아닙니다. 좋은 열매를 얻기 위해서는 무엇보다도 오래 참아야 합니다.

좋은 열매는 땅으로부터 충분한 영양분과 수분을 얻어야 합니다. 이를 위해서 농부는 이른 비(10월에 내리는 가을비)와 늦은 비(4-5월에 내리는 봄비)를 오래 참고 기다려야 합니다. 이것을 참지 못하고 땅을 갈아엎어 버리면 단 하나의 열매도 거둘 수 없습니다. 열매는 농부가 내는 것이 아니라 하늘이 냅니다. 하늘이 비를 주어야 땅이 열매를 맺을 수 있기 때문입니다.

"하늘이 비를 주고 땅이 열매를 맺었느니라"(약 5:18).

그러므로 농부가 할 일은 단지 하늘이 비를 주기까지 참고 인내하는 일입니다.

인내의 이유(8)

이어서 야고보는 8절에서 "너희도 길이 참으라"라고 명령합니다. 농부만 오래 참는 것이 아니라 신자도 오래 참아야 한다는 말씀입니다. 농부가 귀한 열매를 바라고 길이 참아 이른 비와 늦은 비를 기다리듯이 신자도 주님이 심판해 주실 것을 바라고 심판주이신 주님이 오시는 그날까지 오래 참고 기다려야 합니다. 비는 반드시 오고야 말듯이 주님도 반드시 오시고야 맙니다. 비가 오지 않고 가물어서 농부의 속이 새까맣게 타들어 갈 때도 있지만 그럼에도 불구하고 비는 반드시 옵니다. 그러니 억울한 일을 당한 신자도 주님이 반드시 오시므로, 그때까지 참고 기다려야 합니다.

물론 이렇게 오래 참는 것은 결코 쉬운 일이 아닙니다. 억울함과 분함과 무고한 압박을 오래 참는 일은 참으로 어려운 일입니다. 마음의 원한은 쌓여만 가는데 주님의 오심은 더디기만 합니다. 야고보가 주님의 강림이 가깝다고 말한(8) 후로도 2000년이나 더 지났습니다. 그런데도 주님은 아직 오시지 않았습니다. 그러니 더 참고 기다리는 것이 무슨 의미가 있겠나 싶습니다. 그래서 야고보는 "너희는 너희의 마음을 강하라 하라"(8)라고 말씀합니다. 여러분, 다음의 변화에 주의하십시오.

"주께서 오시기까지"(7b), "주의 오심이 가까우니라"(8c), "심판주가 문 앞에서 계신다"(9).

여러분, 어떤 느낌이 드십니까? 무엇을 느끼십니까? 주님이 매우 가까이 오셨음이 실감 나지 않으십니까? 주님의 오심이 가속화되었지요? 주님이 문 앞에 와 계십니다. 그러므로 마음을 강하게 하고 오래 참으십시오.

서로 불평하지 말라(9)

이처럼 계속해서 오래 참으라고 권면하던 야고보는 9절에서 갑자기 "서로 원망하지 말라"라고 명령합니다. 인내하는 것은 사람을 예민하게 만듭니다. 그래서 사소한 것에도 쉽게 원망하고 다툴 수 있습니다. 우리는 이것을 주의해야 합니다. 원망하지 않아야 우리도 심판을 받지 않습니다(9b). 심판주가 문 앞에 서 계십니다(9c). 그러므로 우리는 마음을 강하게 하여 우리를 억압하고 부당하게 대하는 사람들에 대해 오래 참아야 합니다. 심판주의 재림이 임박했다는 이 믿음이 원망 없는 삶을 살도록 합니다. 이것이 바로 신자의 종말론적 삶입니다.

오래 참음의 본을 받으라(10-11)

선지자들의 인내(10)

10절에서 야고보는 오래 참음의 또 다른 예를 소개합니다. 그는 선지자들을 고난과 오래 참음의 본으로 삼으라고 명령합니다. 선지자들은 고난과 오래 참는 사람들입니다. 그들은 주님의 이름으로 말했기 때문에 심한 고난을 받았습니다. 선지자들은 핍박을 받았고(마 5:12; 눅 6:23-23; 11:49; 행 7:52) 피 흘림을 당했으며(마 23:30; 눅 11:50; 계 16:6) 죽임을 당했습니다(마 23:29, 31, 37; 눅 11:47, 49; 13:34; 행 7:52; 롬 11:3; 살 2:15; 계 18:24). 이들은 죽기까지 고난을 당했으나 죽기까지 오래 참았습니다. 이렇게 고난과 오래 참음의 삶을 살았던 선지자들은 신자들에게 오래 참음의 본이 됩니다.

그래서 야고보는 "너희는 본으로 삼으라"라고 명령합니다. 본은 따라서 하라고 있습니다. 본의 목적은 구경이나 감동이 아니라 실행입니다. 그래서 야고보는 본을 '취하라'(삼으라, λάβετε)라고 명령합니다. 우리는 선지자들의 고난과 인내를 본받는 사람입니다. 이것이 바로 신자에 대한 정의입니다. 신자는 '본받는 자'입니다. 사도 바울의 생각도 이와 똑같습니다.

"너희는 … 우리와 주를 본받은 자가 되었다"(살전 1:6).

"너희가 그리스도 예수 안에서 유대에 있는 하나님의 교회들을 본받은 자 되었다"(살전 2:14).

신자는 고난에서도 오래 참음에서도 선지자들을 본받는 사람입니다. 우리도 선지자들을 본받아 오래 참는 신자가 되어야 합니다.

욥의 인내(11a, b)

그래서 야고보는 "보라 우리는 인내하는 자들을 복되다고 여긴다"라(11a)고 말합니다. 여러분, 죽음에 이르는 고난과 죽기까지 인내한 사람들이 과연 복이 있어 보입니까? 우리가 어찌 생각하든 야고보는 이런 신자가 복이 있다고 말씀합니다. 그리고 그는 이 사실을 가장 잘 보여주는 대표적인 인물로 욥('Ιώβ)을 소개합니다(10b). 욥은 인내하는 사람이 복되다는 사실을 증명하는 최적의 인물입니다. 우리가 잘 알다시피 욥은 인내의 사람입니다. 욥은 인내의 대명사입니다. 그러면 인내한 욥이 정말 복된 사람이었을까요?

"너희가 욥의 인내를 들었고 주께서 주신 결말을 보았다"(11).

신자들은 이미 욥의 인내에 대해 들었을 뿐 아니라 또한 인내한 욥에게 주신 하나님의 결말이 무엇이었는지도 보았습니다. 야고보는 '들었다', '보았다'라는 시청각적 표현을 동원하여 신자들이 욥의 인내와 결말에 증인이라는 사실을 부각시키고 있습니다. 하나님이 길이 참고 오래 참은 욥에게 주신 결말이 무엇이었습니까? 그것이 무엇이기에 오래 참는 자가 복되다고 합니까?

주님의 결말(11c)

'결말'(τέλος)은 완성과 성취와 목적을 의미하는 말입니다. '욥의 인내'와 '주님의 완성'은 병행을 이룹니다. 이는 욥이 인내하였지만, 성취하여 끝내시는 분은 주님이시라는 사실을 잘 보여줍니다. 욥의 인내를 성취하고 완성하여 목적을 이루신 분은 욥이 아니라 주님이십니다. 사람이 행하고 주님이 이루십니다. 이것이 가능한 이유는 주님이 크게 자비하시고 긍휼히 여기시는 분이기 때문입니다.

"주는 가장 자비하시고 긍휼히 여기시는 이시니라"(11c).

욥이 끝까지 인내할 수 있었던 이유는 주님의 자비와 긍휼 때문입니다. 야고보는 우리가 욥의 인내에 대한 주님의 결말을 보았다고 말합니다. 우리가 본 욥의 결말은 무엇입니까? 곤경이 그치고 재물과 자녀의 복을 다시 받은 것인가요? 아닙니다. 우리가 욥의 인내의 결말에서 보아야 하는 것은 이런 것들이 아니라 주님의 자비와 긍휼입니다.

놀랍게도 야고보는 하나님이 욥에게 처음보다 갑절의 소유를 주신 것이 주님의 결말이라고 말하지 않습니다. 야고보는 "너희가 주님의 결국을 보았다"라는 말에 이어 "주님은 크게 자비하시고 긍휼히 여기신다"라고 말씀합니다. 우리는 욥의 인내에 대한 주님의 결말에서 욥이 다시 얻은 재물과 자녀와 장수(욥 42:10-17)를 보는 것이 아니라 욥에게 자비와 긍휼로 대하시어 마침내 그의 인내를 완성하신 주님을 보아야 합니다. 그 나머지 것들은 단지 이 결과의 부산물일 뿐입니다.

인내하는 신자가 복된 이유는 하나님이 큰 자비와 긍휼로 신자의 인내를 성취하시고 완성하시기 때문입니다. 하나님은 자신의 성품을 따라 우리의 인내를 채워나가시고 마침내 완성하십니다. 하나님은 고난의 인생을 인내하며 사는 우리를 자비와 긍휼로 완성의 자리까지 이끌어 가십니다. 우리의 인내는 주님의 자비와 긍휼로 이루어집니다. 인내하는 우리의 인생 전체가 자비롭고 긍휼히 여기시는 하나님과 그분의 성품 안에 있습니다. 그러므로 인내하는 우리가 복이 있는 사람입니다.

맺음말

성도 여러분, 그러므로 힘들고 억울하고 아파도 오래 참으십시오. 우리 인생을 우리가 만들어가는 것 같아도 실은 하나님이 자비와 긍휼로 채우시고 이루십니다. 우리의 전 생애가 하나님의 큰 자비와 불쌍히 여기심 안에 있습니다. 하나님이 자비와 긍휼로 인내하는 우리의 생애를 끝까지 이끌어 가십니다. 그러므로 주님이 오시는 날까지 오래 참으십시오. 농부처럼 참고 선지자들처럼 참고 욥처럼 참으시기를 바랍니다. 그리하면 하나님이 자비와 긍휼로 우리의 인내를 성취하시고 완성하실 것입니다.

억울하고 힘들어도 오래 참고 또 오래 참으십시오. 나의 인내로 내 인생을 이루어 가는 것 같지만, 궁극적으로는 하나님이 이루십니다. 우리가 고난 속에서 억울하게 사는 것 같아도 우리는 하나님의 크신 자비와 긍휼 속에 있습니다. 이 믿음을 강하게 하십시오. 그래야 원망하지 않습니다. 그래야 고난을 견디며 부당하게 손해 보고 억울한 일을 당해도 오래 참을 수 있습니다. 길이 참아 주님의 크신 자비와 긍휼로 인생을 채우고 완성하여 하나님을 크게 경험하는 복된 신자가 되시기를 주님의 이름으로 축복합니다.

17

하늘의 비, 땅의 열매

야고보서 5:13-18

개역개정 • ¹³ 너희 중에 고난 당하는 자가 있느냐 그는 기도할 것이요 즐거워하는 자가 있느냐 그는 찬송할지니라 ¹⁴ 너희 중에 병든 자가 있느냐 그는 교회의 장로들을 청할 것이요 그들은 주의 이름으로 기름을 바르며 그를 위하여 기도할지니라 ¹⁵ 믿음의 기도는 병든 자를 구원하리니 주께서 그를 일으키시리라 혹시 죄를 범하였을지라도 사하심을 받으리라 ¹⁶ 그러므로 너희 죄를 서로 고백하며 병이 낫기를 위하여 서로 기도하라 의인의 간구는 역사하는 힘이 큼이니라 ¹⁷ 엘리야는 우리와 성정이 같은 사람이로되 그가 비가 오지 않기를 간절히 기도한즉 삼 년 육 개월 동안 땅에 비가 오지 아니하고 ¹⁸ 다시 기도하니 하늘이 비를 주고 땅이 열매를 맺었느니라

사역 • ¹³ 너희 중에 어떤 사람이 고난당하고 있느냐? 그는 기도하라. 어떤 사람이 즐거워하고 있느냐? 그는 찬송하라. ¹⁴ 너희 중에 어떤 사람이 병들어 있느냐? 그는 교회의 장로들을 부르라. 그리고 그들은 주님의 이름으로 (그에게) 기름을 붓고 그를 위하여 기도하라. ¹⁵ 그리하면 믿음의 기도는 병든 자를 고칠 것이고 주님이 그를 일으키실 것이다. 그리고 만일 그가 죄들을 범했다면 그것이 그에게 용서될 것이다. ¹⁶ 그러므로 너희는 서로에게 죄들을 고백하라. 그리고 너희가 치료받기 위하여 너희는 서로를 위하여 기도하라. 의인의 기도는 크게 효력을 나타낼 수 있다. ¹⁷ 엘리야는 우리와 동일한 본성을 가진 사람이었다. 그런데 그가 비가 오지 않기를 간절히 기도했다. 그러자 3년 6개월 동안 땅 위에 비가 오지 않았다. ¹⁸ 그리고 그가 다시 기도했다. 그러자 하늘이 비를 주었다. 그리고 땅이 땅의 열매를 맺었다.

이번 장을 끝으로 야고보서 해설을 마감합니다. 해설을 마치면서 제 마음에 남은 가장 큰 울림은 우리의 불충함과 연약함이며,

그럼에도 우리를 선대하시는 하나님의 크신 자비와 긍휼입니다. 한 인생을 사는 것은 만만치가 않습니다. 더구나 흩어진 나그네가 되어 이 세상을 사는 신자의 삶은 결코 호락호락하거나 녹록지 않습니다.

신자는 여러 가지 시험, 즉 믿음의 시련을 당합니다(1:2-3). 자주 지혜가 부족해서 어려움을 겪습니다. 물질이 부족합니다. 그래서 시도 때도 없이 욕심에서 일어나는 미혹이 들이닥칩니다. 분노하게 하는 일들이 참 많이 있고 육신이 아프고 배고프고 춥기도 합니다. 말도 안 되는 이유로 차별을 당합니다. 가난하다고 무시당하고 힘이 없어 억압당합니다. 비방과 판단을 받습니다. 착취당합니다. 분쟁하고 세속화의 유혹을 받습니다. 그리고 신자는 이 모든 상황을 길이 참고 인내해야 합니다. 이것이 야고보가 말씀하는 신자인 우리의 형편입니다.

하지만 우리가 이런 부정적인 형편에서도 절망하거나 포기하지 않고 끝까지 인내하며 믿음의 삶을 살 수 있는 것은 하나님이 우리에게 은혜를 주시기 때문입니다. 아버지이신 하나님이 온갖 좋은 은사와 온전한 선물을 위로부터 내려 주십니다(1:17-18). 하나님은 우리가 믿음으로 구하면 꾸짖지 아니하시고 단 마음(후히)으로 주십니다. 하나님은 우리가 시련을 견디면 생명의 화관을 주시며(1:12), 은혜를 주시되 더욱 큰 은혜를 주십니다(4:6). 우리가 길이 참으면 하나님은 이른 비와 늦은 비를 주시고 귀한 열매를 맺게 하십니다

(5:7). 무엇보다 하나님은 우리의 인생의 결말을 내시는 분입니다.

"너희가 욥의 인내를 들었고 주께서 주신 결말을 보았거니와 주는 가장 자
비하시고 긍휼히 여기시는 이시니라"(약 5:11).

지난 장에 말씀드린 대로 '결말'이라는 말은 채우고 완성하여 성
취한다는 뜻입니다. 야고보는 우리가 주께서 욥에게 주신 결말을
보았다고 말씀합니다. 우리가 본 욥의 결말은 그의 곤경이 그치고
재물과 자녀의 복을 다시 받은 것이 아니라 주님이 어떤 분이신가
하는 것이었습니다. 주님은 욥의 인생을 자비와 긍휼로 채우셨습니
다. 주님은 자비와 긍휼로 욥의 인생을 완성하셨습니다.

우리의 나그네 인생을 자비와 긍휼로 채우시어 마침내 이루시고
완성하시는 분이 하나님이십니다. 우리의 나그네 인생 전체가 가장
자비롭고 긍휼히 여기시는 하나님의 은혜 안에 있습니다. 그래서
나그네 삶을 사는 우리가 누리는 가장 큰 복은 하나님과 동행하며
하나님을 체험하고 경험하는 것입니다.

중심 주제

야고보서는 총 108구절로 되어 있는데, 그 안에 59개의 명령이
있습니다. 최소한 두 구절에 한 번 이상 명령이 나온다는 말입니다.

이번 장의 본문에도 여러 차례 명령이 나옵니다.

"기도할 것이요", "찬송할지니라"(13). "청할 것이요", "기도할지니라"(14). "서로 고백하라", "서로 기도하라"(16).

전부 여섯 번이나 명령하는 말씀이 나옵니다. 그중에서도 특히 시작과 중간과 끝에서 똑같은 말로 반복되는 명령이 있습니다. 그 것은 기도하라는 명령입니다. 그래서 13-16절은 기도로 시작하고 기도로 진행하며 기도로 마칩니다. 이 외에도 본문에는 '기도'와 '간구'라는 단어가 네 번이나 더 나옵니다.

"믿음의 기도"(15), "의인의 간구"(16), "기도한 즉"(17), "기도하니"(18).

따라서 본문 전체 6절 가운데 무려 7번이나 기도가 나오며, 매 구절마다 기도라는 말이 들어가 있습니다. 따라서 본문의 중심 주제는 누가 봐도 기도입니다.

고난을 위한 기도(13)

기도하라(13a)
야고보는 먼저 "너희 중에 고난당하는 자가 있느냐 그는 기도하라"라고 명령합니다(13a). 모든 신자는 고난을 당합니다. 고난이 없는 신자는 없습니다. 그래서 신자는 평안하고 즐거울 때만이 아니라 고난으로 괴로울 때도 신앙생활을 잘 해야 합니다. 고난이 있고 없고를 떠나서, 상황의 좋고 나쁨을 초월해서 신자의 신앙생활은 변함이 없어야 합니다. 조금만 힘들어도 불만을 쏟아내며 주일을 지키지 않고 예배에 빠지며 기도하지 않는 것은 신자의 모습이 아닙니다. 아무리 힘들고 어려워도, 아니, 힘들면 힘들수록 더욱 믿음을 지켜내려고 애를 써야 합니다.

그러면 우리는 고난당할 때 어떻게 해야 할까요? 야고보는 매우 단순하게 말씀합니다. '고난당하고 있는가? 기도하라!' 이 말은 고난당하는 신자는 하나님으로부터 해결을 받으라는 의미입니다. 고난을 해결하는 하나님의 대안은 기도입니다. 신자가 참으로 두려워해야 하는 것은 고난 자체가 아니라 고난을 당하면서도 기도하지 않는 것입니다.

찬송하라(13b)

이어서 야고보는 "즐거워하는 자가 있느냐 그는 찬송하라"라고 말씀합니다. '즐거워하다'는 앞에 있는 '고난당하다'의 반대말입니다. 신자에게는 고난만 있는 것이 아니라 기쁨도 있고 행복도 있고 즐거움도 있습니다. 이럴 때는 찬송해야 합니다. 물론 우리는 즐거울 때만 아니라 모든 때에 찬송해야 합니다. 여기서 우리가 눈여겨볼 것은 고난당하는 자와 즐거워하는 자 사이에 '기도'가 자리 잡고 있다는 사실입니다.

"고난당하는 자 … 기도 … 즐거워하는 자"

여러분, 무엇이 보입니까? 고난이 기도를 지나자 기쁨이 되었습니다. 기도하는 신자는 고난 중에도 즐거워하며 하나님을 찬송할 수 있습니다. 고난이 있어도 기도하는 사람은 기뻐할 수 있고 찬송할 수 있습니다. 고난 자체가 즐겁거나 환영할 만한 일은 아니나 고난이 신자에게는 기도와 기쁨과 찬송의 동인이 되어야 합니다.

질병을 위한 기도(14-16)

이어서 야고보는 "너희 중에 병든 자가 있느냐?"라고 묻습니다. 신자도 인간이기에 병들 수 있고, 병들면 아프고 괴롭습니다. 믿음이 없어서 병든 것이 아니고 육신을 가졌기에 병들고 아픈 겁니다. 이럴 때 신자는 어떻게 해야 할까요?

장로들을 부르라(14a)

야고보는 "교회의 장로들을 부르라"라고 말씀합니다. 병든 신자의 부름을 받은 장로들은 그에게 와서 주의 이름으로 기름을 바르며 그를 위하여 기도해야 합니다(14). 기름은 치료를 위한 약으로 해석되기도 합니다. 그러나 칼뱅(Jonh Calvin)은 기름이 은혜를 상징하는 것으로 보았고, 또 어떤 사람들은 축복을 상징한다고 말합니다. 이 중에 어느 것이 옳든지 간에 여기서 중요한 것은 장로들이 '주의 이름으로' 기름을 바른다는 사실입니다.

이것은 병자의 치료를 주님의 권세와 능력과 인격과 성품 등 예수 그리스도의 모든 것에 의존한다는 뜻입니다. 이것은 병자를 치료하는 능력이 장로들에게는 없고 오직 주님만이 병자를 치료할 수 있다는 사실을 인정하는 것입니다(15a). 이런 까닭에 병자가 나았을 때도 장로들은 자신을 드러내지 않아야 하며 오직 주님만 찬송을 받으셔야 합니다.

주께서 일으키시리라(15a)

그러면 주의 이름으로 기름을 바르며 기도하면 어떤 일이 일어날까요?

"믿음의 기도는 병든 자를 구원할 것이다"(15).

병든 자를 구원하신다는 말은 그의 영혼을 구원하신다는 말이 아니라 그를 치료하신다는 말입니다(cf. 질병치료 마 9:21-22; 눅 18:42, 구조 마 14:30; 행 27:20, 31, 34; 영혼구원 눅 17:19; 롬 1:16, 성화 빌 2:12; 벧전

2:1). 왜냐하면 문맥이 병자에게 기름을 바르는 육체 치료를 말하며, 또한 바로 이어 나오는 "주님이 그를 일으키실 것이다"라는 말도 치료를 의미하기 때문입니다. 장로들이 기름을 바르면서 기도하지만, 그래서 믿음의 기도가 병자를 낫게 하지만, 이 모든 논리의 끝에는 '주님이 그를 일으키실 것이다'가 자리하고 있습니다. 병자 치료는 기름이나 기도 자체나 장로들의 능력에 의한 것이 아니라 전적으로 주님이 하시는 일입니다. 그래서 기도는 온전히 주님만 바라보고 의지하는 믿음의 행위입니다.

그런데 여러분, 믿음의 기도는 병든 자를 치료할 것이라는 말씀이 병자를 위해 기도하면 무조건 다 치료가 된다는 뜻일까요? 많은 사람들이 여기에서 걸려 넘어지고 시험에 듭니다. 병자를 위해 열심히 기도했는데도 낫지 않으면 믿음 없는 기도를 해서 그런 것일까요?

우리가 명심해야 할 것은 병자 치료가 기도의 응답이라는 사실입니다. 이것을 놓치면 안 됩니다. 15절 말씀은 "믿음으로 기도하면 무조건 나을 것이다"가 아니고 "믿음으로 기도하면 주님이 치료해 주실 것이다"입니다. 야고보는 혹시라도 발생할 오해를 피하기 위해서 믿음의 기도가 병든 자를 구원하리라는 말에 이어 곧바로 "주께서 그를 일으키시라"라는 말을 덧붙였습니다. 믿음의 기도 자체가 병자를 치료하는 것이 아니고 기도에 대한 응답으로 '주님'이 그를 일으키시는 것입니다. 장로들이 믿음으로 기도하지만, 그 행위 자체가 병자를 치유하고 일으키는 것이 아니라 오직 주님이 그렇게 하십니다.

그러므로 우리는 "믿음의 기도는 병든 자를 구원하리라"라는 말씀을 모든 경우에 치유가 보장된다는 식으로 오해하면 안 됩니다. 하나님은 필요하다고 인정하시는 때만 기도의 응답으로 치유해 주십니다. 중요한 것은 하나님의 능력과 원하심이지 우리의 기도 자체가 아닙니다. 하나님의 능력 때문에 기도는 효과를 내고 능력이 있는 것이지, 기도 그 자체가 무엇을 이루는 것이 아니라는 말씀입니다. 이것은 야고보의 중요한 가르침입니다.

"주님의 뜻이면 우리가 살기도 하고 이것이나 저것을 하리라"(약 4:15).

인간의 생사와 행사는 오직 주님의 뜻에 달려 있습니다. 기도 응답도 마찬가지입니다. 주님의 뜻이면, 주님이 원하시면 죽은 자도 살리실 것입니다. 기도에 있어서 핵심은 믿음도 아니요 기도하는 행위도 아니요 오직 하나님의 뜻입니다. 인간이 하는 모든 행위가 하나님의 뜻에 종속됩니다. 그러므로 우리의 기도도 우리가 주님의 주권 아래에 있으며 주님의 뜻에 복종하겠다는 신앙의 고백이어야 합니다.

사하심을 받으리라(15b)

야고보는 이 치료의 결과와 관련하여 한 가지 내용을 더 말씀합니다.

"혹시 죄를 범하였을지라도 사하심을 받으리라."

야고보는 한 가지 가정을 합니다. 병의 원인이 죄 때문일 수도 있다는 것입니다. 물론 이 말은 모든 병이 다 죄 때문이라는 말은 아닙니다. 하지만 죄로 인해 생긴 병도 있을 수 있습니다. 만일 그렇다면 장로들의 믿음의 기도를 통해 주님이 그를 치료해 주셨으니 결국 그의 병의 원인인 죄도 하나님이 용서해 주신 것이 됩니다.

엘리야의 기도(17-18)

이제 야고보는 기도에 관한 말씀을 마무리하면서 엘리야를 예로 듭니다.

"엘리야는 우리와 성정이 같은 사람이로되"(17).

엘리야에 대한 첫 번째 설명은 그가 '사람'이었다는 것입니다 (Ἠλίας ἄνθρωπος ἦν). 야고보는 대체로 사람에 대하여 부정적입니다.

그는 사람이 의심하는 연약한 자이며(1:6-7) 두 마음을 품어 모든 일에 정함이 없으며(약 1:8) 유혹을 받으며(1:13) 말하기와 성내는 데 빠르며(약 1:19) 말씀을 들으나 행하기는 쉽지 않으며(1:23) 행함이 없는 허탄한 자이며(2:20) 말에 실수가 많고(3:2) 길들일 수 없는 혀를 가졌으며(3:8) 한 입에서 찬송과 저주를 낸다(3:9)고 말합니다. 그런데도 야고보가 엘리야를 소개하면서 '인간'이라는 말을 가장 먼저 쓴 것은 아마도 인간으로서의 엘리야의 연약함을 강조하려는 의도로 보입니다. 이 사실은 엘리야를 우리와 비교하는 데서도 분명합니다.

> "엘리야는 우리와 성정이 같은 사람이로되."

'성정이 같다'(ὁμοιοπαθής)라는 말은 같은 감정이나 욕망을 가지고 있다는 뜻입니다. 엘리야도 인간이어서 우리와 똑같은 감정과 욕망을 가진 자요 그래서 우리와 똑같이 연약한 사람이었습니다. 기도 응답을 받는 자라고 해서 어떤 연약함도 없는 초인간적인 특수 인격이 아닙니다. 오히려 기도는 우리의 연약성 때문에 있습니다. 그런데 이렇게 우리와 같이 연약한 엘리야가 비가 오지 않기를 간절히 기도했습니다. 그러자 3년 반 동안 비가 오지 않았습니다. 그리고 그가 다시 기도하자 하늘이 비를 주었고 땅이 열매를 맺었습니다.

우리가 엘리야에게서 특히 관심을 가져야 하는 것은 '그가 기도했다'라는 사실입니다. 분명 엘리야에 관한 소개는 그가 사람이라는 부정적인 말로 시작했습니다. 그는 여전히 불완전한 사람이요 우리와 다를 바 없는 연약한 사람이었습니다. 하지만 야고보가 엘리야에 대하여 말하려고 하는 핵심은 이것이 아닙니다. 야고보는 "그가 간절히 기도한즉 … 다시 기도하니"(5:17b-18a)라고 말합니다. 이것이 중요합니다. 연약한 인간이지만 그래서 자주 분노하고 넘어지고 좌절하고 낙심하고 두려워하지만, 이런 한계 속에서도 기도했던 사람이 엘리야입니다. 아니 이런 연약함 때문에 기도한 사람이 엘리야입니다. 그는 자신의 연약함을 기도로 해결했습니다.

엘리야는 우리와 똑같은 사람이었습니다. 우리와 엘리야 사이에 본성적인 차이는 하나도 없습니다. 엘리야나 우리나 모두 똑같이 연약할 뿐입니다. 단지 기도를 하느냐 하지 않느냐에 따라 엘리야와 우리 사이에 일치와 불일치가, 같음과 다름이 생깁니다. 엘리야와 우리는 성정이 같습니다. 그러나 우리가 기도하지 않으면 그와 우리 사이에 중요한 차이가 생깁니다. 이것은 영적인 차이요 절대적 차이입니다.

이와 함께 장로들의 기도와 마찬가지로 엘리야의 기도에서도 동일하게 나타나는 매우 중요한 교훈이 있습니다. 그것은 기도의 주관자는 하나님이시라는 사실입니다. 엘리야가 기도하자 비가 오지 않았고 또 기도하자 비가 왔습니다. 그래서 엘리야는 특별한 기도의 능력을 가진 사람이었습니까? 아닙니다. 야고보는 이미 엘리야가 우리와 같은 연약한 인간이라는 사실을 분명히 밝혔습니다. 그러므로 우리는 "하늘이 비를 주었다"(18)라는 말에 주의해야 합니다. 엘리야가 비를 준 것이 아니라 '하늘'이 비를 주었습니다. 이 말은 하나님이 엘리야의 기도에 응답하셔서 비를 내리셨다는 뜻입니다. 엘리야가 이적을 행한 것이 아닙니다. 그는 단지 기도했을 뿐이고(왕상 17:1; 18:41-45) 하나님이 그의 기도에 응답하셔서 비를 내리신 것입니다.

여러분, 야고보는 야고보서의 처음부터 끝까지 일관되게 이 사실을 강조합니다. 야고보서는 기도로 시작하고 기도로 끝납니다. 야고보서는 "꾸짖지 아니하시고 후히 주시는 하나님께 구하라 그리하면 주시리라"(약 1:5)로 시작하고 "다시 기도하니 하늘이 비를 주고"(약 5:18)로 끝나기 때문입니다. 우리는 기도하고 하나님이 채우십니다. 이것이 야고보서의 중요한 교훈입니다.

맺음말

야고보는 1:1에서 신자는 흩어져 있는 사람, 즉 이 땅의 나그네라고 말씀했습니다. 우리는 이곳에서 영원히 살 사람이 아니라 영원한 본향인 천국을 향해 길을 가는 나그네입니다. 그러다 보니 고난이 많고 필요한 것도 많습니다. 하나님은 이러한 필요를 채우기 위해 기도라는 은혜의 방편을 우리에게 주셨습니다. 하나님은 우리의 기도로 우리의 부족함을 채우고 연약함을 극복하기를 원하십니다. 그러므로 우리는 부족함과 필요 때문에 불평하고 원망하지 말고 기도해야 합니다.

야고보는 우리에게 기도'하라'고 명령합니다. 기도는 '하는 것'입니다. 기도는 공허한 이론이 아니라 실천입니다. 기도는 행위이지 이론이 아닙니다. 기도'하라'고 명령한 이유가 바로 여기에 있습니다. 여러분, 매일 TV 보는 시간 중에 30분만 떼서 기도하는 데 쓰십시다. 우리가 기도하면 하나님은 응답하십니다. 땅이 타들어간다고 원망하지 말고 하늘이 비를 내려 주시도록 기도합시다. 고난 중에도 기도하고 아픈 성도들을 위해 기도하고 교회를 위해 기도합시다. 이렇게 기도하면 우리는 하나님의 놀라운 은혜의 역사를 목격하게 될 겁니다. 기도함으로써 하늘의 비로 땅의 열매를 가득 맺는 은혜롭고 복된 생애와 가정과 생업이 되시기를 주님의 이름으로 축복합니다.

저자 이복우 교수

기계 엔지니어 출신인 저자는 여러 해 관련 직장에서 일하다 꽤 늦은 나이에 신학과 목회에 대한 부르심을 받고 합동신학대학원대학교를 입학했다. 거기서 그는 목회학 석사(M.Div.)와 신학 석사(Th.M.)를 마친 후, 요한복음의 프롤로그(prologue) 연구로 철학 박사(Ph.D.) 학위를 취득했다. 그 후 합동신학대학원대학교에서 신약신학 교수로 후학들을 가르치고 있다.

저자의 우선적인 관심은 하나님의 말씀을 연구하고 가르쳐 성도와 교회를 진리 위에 든든히 세우는 데 있다. 그는 교회를 위한 신학을 지향하며, 교회를 위한 목회자 양성을 갈망하고 있다. 이런 까닭에 저자는 학업을 하는 동안에도 지속적으로 교회 사역을 담당해 왔다(송파제일교회 부목사, 그의나라교회 부목사, 남서울평촌교회 협동목사). 또한 그는 육신의 장막을 벗은 후에도 진리를 생각나게 하고 기억하게 함이 옳은 줄 알고(벧후 1:12-15), 이를 위해 성경을 해설하는 일에 힘을 쓰고 있다.

저서로는 저자의 박사 학위 논문인 『내 뒤에 오시는 이』가 있다. 이 책은 요한복음의 프롤로그 연구사와 요한복음의 로고스 신학, 그리고 세례자 요한에 대한 연구를 중점으로 다룬다. 또한 『하나님 나라의 백성』과 『주는 가장 자비하시고 긍휼히 여기시는 이시니라』가 있다.

연구 논문으로는 "요한복음의 프롤로그(요 1:1-18)와 '몸말(body)'과의 관계", "요한복음 첫 표적의 신학적 의미", "하늘 시민권자의 합당한 생활에 대한 연구: 빌립보서 4:1-9 주해를 중심으로", "골로새서에 나타난 사도바울의 자의식", "남녀 신자의 역할과 위치(디모데전서 2:8-15)", "야고보서 1:1-4에 나타난 신자의 특징", "야고보서 2:14-26에 나타난 '믿음과 행위'에 대한 연구", "서머나교회(계 2:8-11)에 나타난 교회의 정체성", "요한계시록의 용(δράκων)에 대한 연구" 등 다수가 있다.

이메일_ lee1391@hapdong.ac.kr